Shopping-Queen

CORA GOFFERJÉ

SHOPPING QUEEN!

Thienemann

Für

Papa, Mama, Hansi, Ines und Jessica!

Gegenwind

»Wo ist denn euer Bad?«, hauche ich Maik ins Ohr und knabbere neckisch daran herum, bevor ich mich Millimeter für Millimeter bis zu seiner Halskuhle vorarbeite. Dabei sauge ich seinen Geruch ganz tief ein, um ihn zu decodieren. Er riecht nach Holz, frischer Luft und Waldboden. Ich will mir diesen Duft einprägen und halte die Luft an, bis mir schwindelig wird.

»Maiiiiik«, versuche ich es erneut. Doch anscheinend hört er mich nicht.

»Ich weiß genau, dass du wach bist. Du stellst dich doch nur schlafend«, knuffe ich ihn in die Rippen.

Keine Reaktion.

Okay. Test. Ich hebe seinen rechten Arm in die Luft und als ich ihn abrupt loslasse, knallt er leblos zurück aufs Bett. Entweder ist er ein guter Schauspieler oder er schläft tatsächlich. Kitzeln wäre die nächste Testphase. Aber wo könnte er kitzelig sein? Unter den Armen, am Bauch, hm ... Nachdenklich stütze ich mich auf die Unterarme, lege meinen Kopf auf die Hand und betrachte ihn wie eine stolze Jägerin ihre Beute. Maik ist mittelgroß, hat eine kleine Lücke zwischen den Schneidezähnen, trägt Jeans und karierte Flanellhemden ... Komisch, eigentlich ist er überhaupt nicht mein Typ. Dann fällt mein Blick auf sein kurzes hellbraunes Haar, lächelnd zupfe ich ein paar Sägespäne heraus. Umständlich robbe ich mich zu seinen Kniekehlen runter; ich könnte sterben, wenn mich dort einer anfasst, so empfindlich bin ich da. Das wird bestimmt funktionieren.

Nichts. Null. Keine Regung. Okay, wenn der jetzt nicht reagiert, muss ich den Notarzt rufen.

»Deine Schnaufgeräusche erinnern an Omas Mops, der letzten Herbst an Herzverfettung eingegangen ist.«

Plötzlich verziehen sich seine Augen zu zwei kleinen Schlitzen und der Mund zu einem verschmitzten Grinsen. »Zweite Tür rechts! Nicht zu verwechseln mit der ersten Tür rechts, da ist nämlich das Schlafzimmer meiner Eltern!«, grient er.

»Okay! – Danke für die Warnung!« Lachend pappe ich ihm ein Kissen auf den Kopf, bevor ich in meine Klamotten schlüpfe.

»Komm schnell wieder«, presst Maik nach Luft ringend hervor. Dann befreit er sich mit einer Hand von dem Kissen und mit der anderen umfasst er mein Handgelenk. In Zeitlupe zieht er mich noch einmal zu sich herunter, um mich schwummrig zu küssen.

Versunken zwirble ich eine Haarsträhne von ihm zwischen meinen Fingern hin und her, dann packe ich ihn am Hinterkopf, um ihn zurück aufs Kissen zu ziehen.

»Au, warum machst du das?«, beschwert er sich.

»Damit ich eine minimale Chance habe, hier rauszukommen«, erkläre ich und schleiche mich zur Tür. Als ich die Klinke herunterdrücke, drehe ich mich noch einmal verliebt zu ihm um. »Und du bewegst dich am besten nicht vom Fleck!«, drohe ich lachend.

Klack. Die Tür fällt hinter mir ins Schloss. Jetzt stehe ich hier in einem fremden, dunklen Flur. Lauschend und auf Zehenspitzen tapse ich durch den Gang. Okay, zweite rechts. Eilig schlüpfe ich hinein und verriegle die Tür sofort hinter mir. Sicher ist sicher. Schließlich habe ich keinen Bock, gleich auf Maiks Eltern zu treffen. Schnell schlüpfe ich aus den Klamotten und stelle die Dusche an, bevor ich mich im Bad etwas genauer umsehe. Haben die hier kein Duschgel? Ah, jaaa, hier, das sieht doch edel aus, damit werde ich mich mal schön einseifen. Aber erst mal die Verpackung abmachen, das ist ja noch so schön eingehüllt.

Mit der Tube bewaffnet stelle ich mich unter die Dusche und schließe kurz die Augen. Mann, war das eine Nacht. Maik, wo warst du nur all die Jahre? Wieso habe ich dich nicht bemerkt? Tom kann keinen Vergleich mit dir bestehen, obwohl er der Star an unserer Schule ist und hammermäßig aussieht. Maik, Maik, Maik ... Wieso habe ich blöde Kuh dich nicht gleich mit unter die Dusche genommen? Nächstes Mal.

Als ich die Duschtür öffne, versuche ich ein Handtuch zu ertasten, doch die sehen alle schon gebraucht aus. Vorsichtig setze ich einen Zeh auf den Boden und ziehe ihn dann angewidert wieder zurück. Irgendwie ist es ziemlich ekelhaft, bei fremden Leuten auf die Badezimmermatte zu treten. Ich mache mich lang und versuche einen Wandschrank zu öffnen und tatsächlich werde ich fündig. Am besten ich nehme gleich drei. Ein Badelaken für den Körper, ein Handtuch für einen Turban und eins für den Fußboden. Der Föhn hängt sichtbar an der Wand und als ich einigermaßen getrocknet bin, steige ich wieder in meine Klamotten. Aus den Shorts krame ich meinen Lippenstift hervor, dann beuge ich mich zum Spiegel und hauche eine Stelle frei. Als ich mir die Lippen nachziehen will, bricht mir der Stift komplett ab und landet im Waschbecken. Blöd, so ohne Farbe auf den Lippen, das geht gar nicht.

Ungeniert wühle ich in einem Schrank mit der Aufschrift *Alibert* herum und finde einen Labello. So einen benutzen die Mädchen in meiner Schule immer und schwärmen von dem tollen Geschmack irgendwelcher abgefahrenen Obstsorten. Gehört bestimmt Maiks Schwester! Ich wische die Spitze des gebrauchten Stiftes mit einem Kleenex ab und schminke meine Lippen. Hä? Der schmeckt ja mal nach gar nichts und farblos ist er auch. Perplex stelle ich fest, dass meine Lippen nur fettig glänzen. Kopfschüttelnd rubble ich mir den Schmierfilm mit einem weiteren Tuch wieder runter, bevor ich mir ein Stück meines abgebrochenen Chanel-Stiftes aus dem Waschbecken fische und mir davon mit dem kleinen Finger etwas Farbe drauftupfe. Jetzt fühle ich mich wieder mehr wie ich selbst. Der Rest des Stiftes wandert ins Klo. Gerade als ich die Spülung betätigen will, klopft es an der Tür.

»Dein Handy klingelt«, ruft Maik von draußen.

»Falls ein Tom dran ist, sag ihm bitte, ich bin jetzt mit dir zusammen!«

Vorsichtig lehne ich mich an die Tür und lausche neugierig.

»Maik Wiefeld, Apparat Tasha Bruns ... Tasha ist grad nicht da, aber sie wird dich zurückrufen, okay? ... Wer ich bin? ... Ja, da sprichst du lieber nachher mit Tasha, sie wird dir alles erklären. Tschau!«

Ich öffne die Tür einen Spalt und spitze meine Lippen zu einem Kussmund: »Das hast du gut gemacht!«

Mit düster zusammengezogenen Augenbrauen drückt Maik mir das Handy in die Hand und sagt völlig konsterniert: »Das glaube ich ja nicht!«

»Was ist los?« nuschle ich mit einer Haarspange zwischen den Zähnen, während ich mir hoch konzentriert die langen Haare aus dem Gesicht streiche.

»Du fährst zweigleisig und servierst hier einen Typen auf eine superfeige und völlig assige Nummer einfach ab! Am TELEFON! Halloooo?« Er beugt sich zu mir vor, wackelt verständnislos mit dem Kopf und reißt dabei die Arme fragend in die Luft.

»Wieso, was ist daran so schlimm? Ich hätte es ihm sowieso irgendwann gesagt!«, verteidige ich mich und stecke mir die Haare hoch.

»Irgendwann? Wann ist das? Heute? Morgen? Nächstes Jahr?«, schnauzt er.

»Komm schon, Maik, eben dann, wenn sich die Gelegenheit ergeben hätte.«

»So wie jetzt grade, ja? Das nennst du also DIE Gelegenheit.« Wütend stemmt er die Arme in die Hüften und kickt hart einen Schuh, der auf dem Boden liegt, gegen die Wand.

»Ja. Schon. Ich fand's jetzt nicht sooooo schlimm«, mache ich eine ausladende Handbewegung gen Himmel. Verständnislos über dieses Aufgebausche rolle ich mit den Augen. »Unsere Affäre hat doch grad erst angefangen.« Ich presse mich an ihn und ziehe den Schmollmund, mit dem ich bei Papa immer erreiche, was ich will.

»Da vertust du dich aber gewaltig, Tasha. Unsere *Affäre* ist soeben beendet.«

»Das ist nicht dein Ernst?!« Der macht einen Witz. Schnell lasse ich mein schönstes Lächeln vom Stapel. Komm schon, dagegen ist keiner immun.

»Mein voller Ernst!«

Entsetzt starre ich ihn an.

»Und, wie fühlt man sich«, fragt er mich und reckt das Kinn herausfordernd nach vorne, »wenn man so eiskalt abserviert wird?«

Das ist mir noch nie passiert. Wortlos schnappe ich nach Luft, mache auf dem Absatz kehrt, haste die Treppe runter und überrenne fast seine Schwester, die süffisant grinsend am Treppenabsatz herumlungert und interessiert lauscht. »Hi, Tasha! Bye, Tasha!«, winkt sie mir nach.

Vor Wut kochend stampfe ich hinaus ins Freie und lasse die Tür hinter mir bewusst offen stehen, damit auch jeder meinen Abgang miterleben kann. Als ich auf mein Fahrrad steige, höre ich sie noch sagen: »Gut gemacht, Maik! Nie seine Prinzipien aufgeben, das ist es, was zählt. Diese Tasha ist die arroganteste, verwöhnteste, saublödeste Kuh auf unserer Schule … Mhmmm, aber eins muss man ihr lassen, sie riecht gut. Wie das Duschgel, das du mir zum Geburtstag geschenkt hast.«

Ein »Grrmpf« kommt aus meinem Mund, bevor ich mir den Fahrradhelm überstülpe. Ich hätte mich mit dem Zeugs achtschichtig einbalsamieren sollen.

Langsam rolle ich den Berg runter. Auf halber Höhe angekommen bremse ich ab, ziehe den Helm vom Kopf und lasse mich herunterrollen. Der Gegenwind ist so stark, dass ich beinahe auf der Stelle stehen bleibe. Spontan werfe ich mein Fahrrad auf die Straße und mich auf die Wiese. Auf einmal hupt jemand hinter mir. Ein Typ in einem Kleintransporter. Ich glaub, ich krieg 'ne Krise! Sonst kommt in diesem Kaff nie einer vorbei, aber ausgerechnet jetzt, wo man mal in Ruhe ausflippen will.

»Ja, ja, ist schon gut!« Eilig stehe ich wieder auf und ziehe mein Bike von der Straße.

»Ihr Bruns' meint wohl, euch gehört die Welt!«, schimpft der Fahrer gereizt.

Blödmann. Gib du mir nur den Rest. Wo ist mein verdammtes Handy? Ich ziehe es aus der Hosentasche und tippe jetzt eilig die erste Kurzwahlnummer ein.

»Verena Bruns!«, ertönt die mir am meisten vertraute Stimme auf dieser Welt.

»Verena!«, seufze ich erleichtert. Seit Kurzem will Mami, dass ich sie Verena nenne; sie meint, wir wären ja eher so was wie Freundinnen und deshalb soll ich sie beim Vornamen nennen, das wäre schicker.

»Ja, mein Schatz, was ist los?«

»Du glaubst nie, was mir passiert ist!« Wasserfallartig schießt es jetzt aus mir heraus und brühwarm lasse ich sie an jeder Gefühlsregung von mir detailliert teilhaben, schließlich ist sie der einzige Mensch, der mich *wirklich* versteht.

»Jetzt kommst du erst mal nach Hause und zerbrichst dir nicht weiter dein schönes Köpfchen. Dieser Maik war eh nichts für dich. Ich meine, der kommt aus sooo kleinen Verhältnissen. Ein Schreinerlehrling, bitte, Tasha, sei vernünftig ... das wäre sowieso nicht lange gut gegangen.«

»Aber Verena, ich bin so durcheinander. So was hat noch keiner mit mir gemacht. Das hätte ich nie von Maik gedacht. Niemals!«

»Vergiss diesen Maik! Tasha, dir steht die Welt offen. Mit deinem Aussehen und deinen Beinen. Du wirst noch die tollsten Männer kennenlernen. Wart's nur ab. So, und ich sprech gleich mal mit Papi. Vielleicht können wir am Wochenende zum Shoppen nach München fliegen. Das wird dich wieder aufmuntern«, klingt sie begeistert über ihren eigenen Einfall.

Dann hängt sie ein.

Irritiert starre ich das Handy an. Wieso hat sie das gerade über Maik gesagt? Klar ist er Schreinerlehrling. Na und? Was ist denn daran so schlimm? Verena kommt doch auch aus kleinen Verhältnissen. Oma war früher Friseurin und Opa Kfz-Mechaniker. Dass Verena Papa kennengelernt hat, war schon irgendwie Glück. Papa hat eine Strumpfhosenfabrik und Verena war Beinmodell. Sie hat wirklich wunderschöne Beine und ist auch sonst super gepflegt. Im Vergleich zu den anderen Müttern meiner Schulfreundinnen sieht sie echt zehn Jahre jünger aus. Viele halten uns sogar für Schwestern. Schließlich ist sie auch nur achtzehn Jahre älter als ich. Mami, also Verena, ist meine beste Freundin. Ermutigt rapple ich mich wieder hoch, und dieser Maik ... der ist echt für mich gestorben.

Zu Hause ist niemand. Schleppend steige ich die Treppe rauf. Meine Beine fühlen sich an wie Blei. Seltsamerweise bin ich jetzt doch irgendwie froh, dass keiner da ist, der auf mich einredet. In meinem Wohnzimmer werfe ich mich auf die Couch. Ablenken, genau, ablenken ist die beste Medizin, sagt Verena immer. Ich stelle den Fernseher an, zappe wahllos durch die Programme und schalte die Kiste unzufrieden wieder aus. Dann rolle ich mich zusammen und starre auf meine Bücherwand. Vielleicht sollte ich etwas lesen ... ach nee, das ist mir jetzt zu anstrengend. Ich lasse mein Bein von der Couch baumeln und schiebe mit dem Fuß die Magazine in dem Zeitungskorb etwas auseinander. Dann lasse ich den anderen Fuß auch noch herunter und versuche, mir die neue *Das Topmodel* mit den Zehen zu angeln.

Nach geschlagenen fünf Minuten habe ich es geschafft. Unentspannt blättere ich die Zeitschrift durch und zwinge mich darin zu lesen. Dann plötzlich bin ich von einem Artikel mit der Überschrift: ***Was die Form deines Lippenstiftes über dein Wesen verrät!*** gefesselt.

Wenn du deinen Lippenstift mit dem deiner Freundin vergleichst, wirst du feststellen, dass ihr eurem Stift je nach individueller »Auftragetechnik« unbewusst eine eigene Form verpasst habt. Könnten eure treuen Begleiter sprechen, wür-

den sie Folgendes über den Charakter ihrer Besitzerin erzählen:

Der Gerade *Ich gehöre einem Power-Girl. Sie ist sehr selbstbewusst und ehrgeizig und besitzt eine starke Persönlichkeit. Außerdem ist sie eine modebewusste Trendsetterin.*

Der Runde *Meine Besitzerin ist ein Pfundskerl. Sie ist die Busenfreundin, die sich jede Frau wünscht: humorvoll, hilfsbereit und pragmatisch. Mit ihr kann man jede Menge Spaß haben, aber auch über ernsthafte Dinge diskutieren. Kochen ist eine ihrer größten Leidenschaften.*

Der Spitze *Meine Chefin hat es wirklich in sich! Sie hat Haare auf den Zähnen, ist aufgeweckt und manipulierend. Wenn sie ihren Willen nicht bekommt, ist sie unbeherrscht und jähzornig. Dann heißt es aufpassen!*

Der Schräge *Ich gehöre einer sozial engagierten und gefühlvollen Frau. Sie ist zurückhaltend und harmoniesüchtig. Ihre Hilfsbereitschaft kann schnell ausgenutzt werden.*

Der Spitz-Schräge *Meine Besitzerin ist besonders fantasievoll. Allerdings ist sie auch ein ziemlich sprunghafter Typ, der sich ständig auf der Jagd nach Abwechslung befindet, was gelegentlich recht anstrengend werden kann. Nur mit Sport kommt sie zur Ruhe.*

Der nach innen Gewölbte *Meine Besitzerin ist schon eine außergewöhnliche Persönlichkeit! Sie ist unberechenbar und führt ein ausschweifendes, stressiges Partyleben. Sie kann irre verführerisch wirken, schreckt aber so manchen Zeitgenossen durch ihre launenhafte und eigenwillige Art ab.*

Dieses Fettteil von Maiks Schwester vorhin war total abgerundet, was also bedeutet, wo stand das noch mal, ah hier: »Thhh, die Besitzerin ein ›Pfundskerl‹. 'Ne blöde Kuh ist die, sonst nichts ...«

»Papaaa!«, schallt es plötzlich durch unseren Hausflur und reißt mich abrupt aus meinen Gedanken. Dann wieder: »Papaaaaaaa!«

Ach du Scheiße, meine Stiefmonster-Schwestern rücken an. An Mona und Betty habe ich gar nicht mehr gedacht. Poch, poch, hämmert es da bereits herrisch an meine Tür. »Herein!«, rufe ich nicht gerade einladend.

»Hi, weißt du, wo unser Vater ist?«, stecken die beiden ihre Nasen durch den Türspalt und machen keinerlei Anstalten, mein Zimmer zu betreten. Dann knufft Betty Mona in die Rippen: »Oh, unsere Tasha liest.« Dann neigt sie den Kopf ein wenig. »*Das Topmodel*«, liest sie laut den Titel des Magazins vor, das ich in den Händen halte. »Hast du dich für ein Fernstudium eingeschrieben?«

»Papi ist im Büro und Verena holt grad die Tickets ab. Wir fliegen nämlich nach München!«, überhöre ich ihre Verbalattacke.

»Wie schön!«, klimpert Betty gekünstelt mit den Augen. Gelangweilt klingend verkündet sie: »Wir gehen dann mal in unser Zimmer. Müssen uns noch stylen für DIE Party heute Abend. Wann gibt's hier schon mal so 'nen Megaevent.«

»Wieso ist denn unser Topmodel noch nicht umgezogen? Bist doch sonst immer die Schickste, oder willste etwa so gehen?«, will Mona erstaunt wissen und deutet verständnislos auf meine zerknitterten Klamotten.

»Was für 'n Megaeven…t?« Doch die beiden sind schon zur Tür raus.

Schnell hüpfe ich aus meinem Bett und renne den beiden hinterher in die Küche.

Betty durchwühlt grade den Kühlschrank. »Sag mal, was ist das eigentlich für eine Angewohnheit, alles nur halb anzufressen? Das ist doch nicht normal!« Die Lippen kräuselnd hält sie Mona einen angefangenen Joghurt, eine halbe Banane und den mittig durchgetrennten Schokoriegel unter die Nase.

Wenn sie so drauf ist, habe ich keine Lust, mit ihr zu reden.

»Ich sag doch, wie die Mutter, so …!«

»Ich mein, hallo, was willst du von einem *Beinmodell* erwarten? Das ist ja noch weniger als 'ne Synchronschwimmerin«, setzt Mona eine Tüte Milch an und saugt sie aus.

»*Das* wär doch auch 'n tolles Hobby für deine Verena und dich«, reckt Betty ihr Kinn plötzlich ruckartig in meine Richtung vor. »Synchronschwimmen, häähäähää, das ist echt 'ne coole Idee!«, haut sie sich, begeistert über ihren tollen Witz, grölend auf die Schenkel und Mona verschluckt sich lachend an der Milch.

»Ich kann mir die beiden richtig vorstellen. Wäscheklammer in die Nase und dann hoch das Bein …!« Betty reckt ihre kurzen Stampfer in die Luft und sieht dabei so grazil aus wie ein Nilpferd beim doppelten Toeloop.

»Wenn ihr Stress wollt, dann sagt das doch gleich!« Beleidigt drehe ich mich um und breche mir im Hinausgehen eine halbe Scheibe ungetoasteten Toast ab. Dann überlege ich es mir doch anders. Ich bleibe! Schließlich bin ich ja noch nicht dahintergekommen, wo hier heute Abend eine Party steigt. Aber ich werde den Teufel tun, die beiden wissen zu lassen, dass ich keine Ahnung davon habe, was hier abgeht, und vor allem nicht, dass ich keine Einladung habe. Apropos. Ich stecke die obere Hälfte der Brotscheibe in den einen und den unteren Teil in den anderen Toasterschlitz. Ich weiß auch nicht, wieso ich immer alles halbiere.

»Sagt mal, habt ihr denn überhaupt Einladungen gekriegt? Ich meine, schließlich wohnt ihr doch achtzig Kilometer entfernt!«

»Süße«, angriffslustig stemmt Betty die Arme in die Hüften und lässt ihren Blick abschätzig über mich schweifen, »das hier sind immer noch *unsere* Freunde, *unser* Ort, *unser* Haus, *unser* Vater ... Vergiss das nicht!«

Wie könnte ich das. Sie reibt es mir an jedem ersten Wochenende im Monat unter die Nase. Dass er nicht nur *ihr* Vater ist, sondern auch meiner, schlucke ich jetzt lieber mal runter. Zwei gegen eins ist und bleibt unfair und bei den beiden ziehe ich ja doch immer nur den Kürzeren. Es sei denn, Verena ist hier. Dann sieht die Sache schon etwas anders aus.

Bingo, Betty zückt plötzlich die Einladung aus ihrer Hosentasche. »Klar, haben wir eine. Aber ob *du* eingeladen bist, bezweifle ich, außer *Verena* hast du doch keine Freunde!«, lacht Betty hämisch.

Wütend greife ich mir den angefangenen Joghurt und will ihn ihr an ihr Spatzenhirn werfen, aber ich befürchte, darauf wartet sie, seit ich auf der Welt bin, dann hätte sie endlich mal einen Grund, mich zu verprügeln. Sie hasst mich. Beide hassen mich. Dabei kann ich doch gar nichts dafür, dass Papi ihre Mutter für Verena verlassen hat. Betty war sechs und Mona vier, als Verena mit mir schwanger wurde und Papi sie geheiratet hat. Seitdem steuert unser Patchworkfamilienmodell auf eine Katastrophe zu.

Beim Toastbrotschmieren kann ich einen Blick auf die Einladung erhaschen. Sie sieht richtig cool und professionell aus, mit einem Margarita-Glas drauf, alles ist in Limettengrün gehalten.

Party-Time in der Hechtstraße 21
Anlass: Carolas Geburt(-stag)
Wer legt auf: Justus
Start: 20.00 Uhr
Outfit: casual

Wow. Justus ist im Ort. Justus ist soooo genial. Er ist DJ und reist durch die ganze Welt, um Platten aufzulegen. Seine Schwester Carola ist Bettys Freundin. Dass ich da nicht eingeladen bin, ist dann ja logisch.

»Alle kommen, ich meine, Justus ist echt ein Hype!«, klärt Betty Mona unnützerweise auf, denn das weiß ja wohl mal echt jeder. »Du hast doch bestimmt auch 'ne Einladung, Topmodel, oder?«

»Ach, leck mich doch ...!« Wütend pappe ich die Toastscheiben auf ihren Sahnepudding.

»Hähääã, eins zu null!«, höre ich sie feixen.

Eins zu zwei wäre richtiger. Schließlich steht es zwischen uns immer zwei gegen einen.

Jetzt will ich's wissen. Geht hier wirklich jeder zu der Party? Bin ich die einzige Aussätzige in meinem Dorf? Zurück in meinem Wohnzimmer versende ich sofort eine SMS an Alina aus meiner Klasse.

Bist du auch auf der Party? Tasha

Alina würde ich zwar nicht mal in Notfällen anrufen, aber ich weiß, dass sie mich anhimmelt. Manchmal imitiert sie mich sogar. Einerseits nervt das, aber andererseits schmeichelt es auch.

Anstatt mir allerdings zurückzusimsen, ruft Alina mich direkt an. »Hey, klasse, dass ich von dir mal eine SMS kriege, wusste ja gar nicht, dass du überhaupt meine Nummer hast. Ja, klar, gehe ich heute Abend auf die Party, jeder geht doch ... Soll ich dich abholen, mein Bruder hat ein Auto und wir könnten dich mitnehmen, wenn du magst?«, bietet sie mir spontan an. Dann fällt ihr aber doch noch ein: »Ach, du fährst ja bestimmt mit Maik!«

»Äh, ja, ja!«, stammle ich herum.

»War denn sonst noch was? Ich meine, hast du nur deswegen gefragt, oder ...?«, klingt sie superneugierig.

»Ach so, also, ...«, schnell krame ich in meinem Hirn nach Grund Nummer zwei. »Wegen Franz, müssen wir da eigentlich alle Fragen zu dem Text über die Französische Revolution beantworten?«

»Nee, nur die kurze Zusammenfassung sollen wir machen. Die Fragen wollen wir in der nächsten Stunde gemeinsam bearbeiten.«

»Ach, soo, aha, na, dann danke und tschüss.«

»Tschüss, Tasha, bis heute Abend. Und ... schön, dass du dich mal gemeldet hast.«

»Hallo, Püppi!« Verena schlüpft herein. »Siehst du, alles wird gut, denn hier drin ...«, sie zeigt auf ihre Handtasche, »... sind unsere Tickets und am Freitag geht's nach München. Guck mal hier, die aktuelle *Das Topmodel.*« Begeistert schlägt sie die Zeitschrift auf. »Hab uns schon mal ein paar Haken an die *Must Haves* gemacht.«

Nachdenklich lege ich die Zeitschrift beiseite. »Verena, ich ... ich würde ganz gerne noch mal mit dir über Maik reden!«

Verena beugt sich zu mir herunter und ihr Kragen kratzt ein bisschen an meiner Wange, als sie mir einen Kuss auf die Stirn gib. »Ach Püppi, du wirst über ihn hinwegkommen. Denk einfach nicht mehr an ihn. Denk an was anderes. An etwas Schönes. An München!«, schlägt sie vor. »So, und jetzt muss ich mal eben in die Küche und nachschauen, ob die Schwestern Fürchterlich wieder alles im Chaos hinterlassen haben.« Beim Hinausrauschen zwinkert sie mir zu: »Die werden platzen, wenn sie hören, dass wir nach München fliegen!«

Als die Tür sich hinter ihr schließt, habe ich plötzlich so ein mulmiges Gefühl im Bauch.

Froschschenkel

»Hier, nimm meinen!« Unaufgefordert hält Verena mir ihren bis zum Anschlag herausgedrehten Lippenstift entgegen, als wir uns in einer schicken Boutique eine Umkleidekabine teilen. Das tun wir immer und es macht riesigen Spaß, auch wenn es etwas eng ist.

Interessiert betrachte ich die nach innen gewölbte Form ihres Stiftes.

»Ist was nicht in Ordnung?« Mit einem prüfenden Blick in den Spiegel presst Verena ihre Lippen aufeinander und bewegt sie ein wenig hin und her, um die Farbe richtig zu verteilen, bevor ihre Augen wieder auf mir ruhen.

»Nö, schon gut!«, nuschle ich und ziehe mir die Lippen mit dem teuren Designerteil nach, das Verena sich letzte Woche extra aus Paris hat schicken lassen, weil die Farbe »Mauve superb« erst im Herbst in Deutschland eingeführt wird.

»Ich ruf mal eben Papi an, er soll schon mal in die *Celebrity Lounge*. Drei-Sterne-Küche, tolles Publikum, Models, Filmstars … und hoch über München mit einem Wahnsinnsblick.«

»Aber keinen Fensterplatz, bitte!«

»Püppi, wenn einer deine Höhenangst kennt, dann

doch wohl ich!« Verena streichelt mir über den Kopf. »Habe einen Tisch in der zweiten Reihe bestellt. Dir zuliebe.« Sie wühlt ihr Handy aus der Handtasche hervor. »Den Lippenstift kannst du behalten, ich habe mir direkt vier bestellt. Vorausplanend denken!«, kichert sie. »Dachte mir nämlich schon, dass er bei dir toll aussieht. Bei deinen vollen Lippen.«

Die Besitzerin dieses Lippenstifts hat eine unberechenbare Persönlichkeit und führt ein ausschweifendes, stressiges Leben. Was noch? Ach ja, sie kann irre verführerisch wirken, schreckt manche Menschen aber durch ihre launenhafte und eigenwillige Art ab, erinnere ich mich an den Inhalt des Artikels und überlege, ob die Charakterisierung zu Verena passt.

»Ich zahl schon mal!«, flötet Verena und dreht sich an der Tür noch einmal zu mir herum. »Püppi, ich glaube, es wäre jetzt ein guter Zeitpunkt, Papa das mit deinem Zeugnis zu sagen. Er ist grad in Spitzenlaune.« Verena greift mir mit der Hand unters Kinn und begutachtet fachmännisch meinen Mund. Prüfend zieht sie die perfekt gezupften Augenbrauen zusammen, bevor sie mir mit dem kleinen Finger etwas von der Farbe aus den Mundwinkeln streicht. Zufrieden nickend haucht sie mir einen Kuss auf die Lippen und rauscht hinaus.

Ihr Parfumduft eilt ihr nicht hinterher. Er hängt immer noch in der Umkleidekabine, übertüncht meinen eigenen und nebelt mich ein. Was ist wohl dran an diesem Artikel aus *Das Topmodel*? Und was davon trifft auf Verena zu? Schließlich sehen meine Lippenstifte genauso aus, aber ich verpasse ihnen automatisch dieselbe Form, weil ich das ja immer so bei Verena gesehen habe. Aber meine gehen immer nur bis zur Hälfte, dann bin ich sie leid. Für welche Persönlichkeit stehen wohl halb angefangene Lippenstifte?

Lange noch starre ich auf die Tür, die Verena mit Schwung hinter sich zugeworfen hat, und denke daran, dass ich die Türen immer offen hinter mir stehen lasse, wenn ich mich aus dem Staub mache. Wie bei Maik. Was für eine saublöde Situation, und was war eigentlich falsch? Ich begreif das nicht.

Verena, ähm, Mami, ach, das bringt mich alles total durcheinander, ich kann mich daran nicht gewöhnen, aber Mami, also Verena besteht eben darauf. Also, Verena hat gesagt, dass dieser Maik eh der Falsche war. Verena hat gesagt, dass ich etwas Besseres verdient hätte. Verena hat da auch schon jemand in der engeren Auswahl. Aber ich glaube, ich brauche noch eine zweite Meinung. Ach, blöd, jetzt kann ich nicht einmal einen Joker ziehen oder jemanden anrufen, denn die anderen Mädels aus meiner Klasse und meine Stiefmonster kann ich vergessen, die halten mich ja eh für unfähig. Wobei ich glaube, dass Mona mich gar nicht so schlimm findet, sie macht nur mit, weil Betty den Ton angibt. Und Alina? Neeee, besser nicht noch mal. War schon so 'ne blöde Aktion mit dem Anruf wegen der Party, und als sie mich am Montag in der Schule fragte, warum ich nicht gekommen sei, hat sie mir das mit dem Magen-Darm-Virus, glaube ich, nicht wirklich abgenommen.

Verena ist total aufgekratzt und in ihrem Element. Das Restaurant ist wirklich toll, nur diese Panoramafenster ... Uahhh, wenn man da zu nah rantritt, hat man das Gefühl, man stürzt ab. Dass die den Leuten in der ersten Reihe keine Fallschirme anbieten ...

»Habe Papi gerade überredet, dass wir morgen noch einen Tag dranhängen. Ich liiiiebe München. Erinnert mich an alte Zeiten ...« Neckisch krault sie Papis Bart, den er sich ihretwegen hat stehen lassen. »Ich weiß noch, als ich diese *Long-Spider-Stockings* trug und wir draußen am Tegernsee zum Fotoshooting waren und dann jemand sagte: Das ist Jörg Bruns, der Inhaber von *Socks & Stockings.*« Verena rollt verliebt mit den Augen und haucht Papa jetzt Küsschen über die Handinnenflächen zu. »Das war Liebe auf den ersten Blick!«

Papa nickt kurz und scheint etwas abwesend. Plötzlich runzelt er die Stirn. »Sag mal, geht das denn so einfach mit deiner Schule? Ich meine, dass wir einen Tag dranhängen?«, wendet er sich wieder an mich.

»Na, klar!« Nonchalant schlägt Verena ihm auf die Hand und strahlt: »Ich rufe einfach Dr. Hillmann an und der stellt ihr dann eine schöne Ferndiagnose. Das ist überhaupt kein Problem. Hihihi, wär ja nicht das erste Mal.«

»Wie läuft's denn eigentlich so in der Schule?«, lässt Papa nicht locker.

Mein flehender Blick wird von Verena aufgefangen und umgesetzt: »Wie soll's schon laufen? Schwer ist es! Gut, dass wir bald in die Ferien gehen. Du siehst doch, Tasha ist ganz blass und da«, sie deutet mit dem Zeigefinger auf meine Augen, »das sind Augenringe, das sehe ich ganz genau. Sechs Wochen Florida ist genau das Richtige für dich, mein Schatz.« Dann wendet sie sich wieder an Papa: »Hoffe nur, Mona und Betty nehmen uns nicht die ganze Erholung!«

Zähneknirschend wiederholt Papa zum x-ten Male: »Die beiden sind *auch* meine Kinder. Schade, dass du das immer vergisst!«

Der Zeitpunkt für meine Beichte verschlechtert sich sekündlich, wenn Verena so weitermacht. Ich gebe ihr ein Zeichen, dass sie jetzt bitte nicht weiterreden soll.

»Klar sind sie auch deine Kinder. Obwohl sie ja wirklich so gar nichts von dir haben. Ich meine, vor allem Betty, sie ist klein und kräftig, um nicht zu sagen gedrungen und dann diese spitze Zunge von ihr. Das Kind wirkt sehr frustriert, findest du nicht?«

»Nein, das finde ich nicht!«, sagt Papa streng und übel gelaunt. »Ihre spitze Zunge ist Ironie und es fällt ihr manchmal einfach schwer, ihren scharfen Intellekt zu unterdrücken. Außerdem ist es für sie auch nicht leicht, dass unsere Familie damals nicht funktioniert hat. Deshalb arbeite ich ja daran, dass die beiden den Kontakt zu mir nicht verlieren.« Papa zupft sich das Ziegenbärtchen, als wolle er es sich wieder ausrupfen. »Und außerdem, Bettys Figur ist völlig in Ordnung, sie ist eine großartige junge Frau.«

»Aber ihre Schenkel ... Mein Gott, hast du mal ihre Oberschenkel gesehen?« Übertrieben deutet Verena mit den Händen Bettys Beine an.

»Kann ja nicht jeder so Froschschenkel haben wie du«, kommt es spitz zurück.

Mehr braucht es nicht, um Verena mundtot zu machen. Wenn es um ihre Figur geht, kennt sie keinen Spaß. Beleidigt stochert sie in ihrem Salat herum.

Die Stille ist unerträglich und ich wünschte, ich könnte jetzt irgendetwas Tolles sagen, um die beiden aufzumuntern, aber da hakt Papa noch mal nach: »So, Tasha, jetzt erzähl doch bitte mal, wie's in der Schule läuft. Ich kriege ja gar nichts mehr mit von meiner Jüngsten.«

Okay, keine Chance, er lässt ja sowieso nicht locker, und ehrlich, was sollte schon passieren, mit Verenas Rückendeckung. Dann lasse ich die Schreckensnachricht vom Stapel: »Ich muss nach den Ferien eine Nachprüfung machen!«

»Du musst waaaaas?« Mit aufgerissenen Augen starrt er mich an.

»Eine Nachprüfung machen. Sonst ... sonst bleibe ich hängen!«

»Das ist jetzt nicht dein Ernst?«

»Doch, Papa. In Mathe oder Franz habe ich es echt versäbelt.«

»Sie kriegt doch Nachhilfe!«, wendet sich Papa kopfschüttelnd an Verena.

Die zuckt nur mit den Schultern und spielt immer noch die Beleidigte.

»Ich werde im Urlaub lernen, Papa, ganz bestimmt. – Kann ich noch eine Cola haben?«, frage ich den vorbeikommenden Kellner und hoffe, dass das Thema jetzt erledigt ist.

Ist es auch. Vorläufig jedenfalls.

Papa isst wortlos weiter, aber auf seiner Stirn sehe ich,

wie es in ihm arbeitet. Wahrscheinlich ist der Verlängerungstag in München gestrichen. Ist ja nicht so schlimm. Verena und ich haben ja heute sowieso alles geshoppt, was auf unserer Liste stand. Dann gehe ich morgen eben zur Schule, wenn davon der Familienfrieden abhängt.

Im Flieger spricht Papa kein Wort mit uns. So habe ich ihn noch nie erlebt. Verena meint: »Der kriegt sich schon wieder ein.«

Als ich am nächsten Tag aus der Schule komme, sortiere ich erst mal die neu erstandenen Teile in meinem Ankleidezimmer. Verena meint, dass jede junge Frau aus gutem Hause so einen Stauraum benötigt, und so hat sich Papa letztes Jahr breitschlagen lassen, einen Teil von seinem Arbeitszimmer abzugeben. Allerdings erst nachdem Verena ihm vorgeschlagen hat, er solle doch eines der alten Mädchenzimmer umbauen, schließlich wären die beiden doch eh nicht so häufig hier und könnten doch sonst auch in einem Zimmer schlafen. Dazu ließ Papa sich dann aber doch nicht überreden.

Sorgsam lege ich die neuen Bikinis mit den dazugehörigen Pareos in den Unterschrank und freue mich, dass in zwei Wochen endlich die Sommerferien losgehen. Sechs Wochen Florida. *Und deinen Geburtstag feiern wir diesmal im* Sharky's, hat Verena mir bereits gesteckt. Sie hat schon heimlich einen Tisch in dem angesagtesten Restaurant der Stadt übers Internet gebucht. *Wenn meine Püppi 17 wird, müssen wir das auch gebührend feiern.*

Irgendwie bin ich ganz froh, dass ich noch in den Ferien Geburtstag habe, auch wenn's der letzte Ferientag ist.

Schließlich hätte ich so eine Party wie bei Carola gar nicht toppen können. Hinzu kommt, dass ich auch gar nicht gewusst hätte, wen ich alles einladen soll. Nicht, dass da so viele wären … Es gibt schon ein paar, die bestimmt gerne kommen würden. Schon allein, weil sie unbedingt mal unser Haus sehen wollen und die Terrasse mit dem eingebauten Jacuzzi vor meinem Fenster.

Verena meint, dass es für die meisten schwierig ist, mit mir befreundet zu sein, weil ich eben alles habe. Neid ist für viele ein großes Problem. Deshalb habe ich nur so wenige Freundinnen, aber Mami, also Verena, ist für mich eben die Wichtigste. Dann überlege ich, wen ich tatsächlich alles einladen würde. Mit Mühe und Not komme ich auf acht Personen, dazu gehören dann schon meine beiden Stiefmonster. Einladen müsste ich sie ja wenigstens.

Träumend packe ich weiter die Tüten aus. Mein neues schwarzes Hemdblusenkleid von *Airfield* gefällt mir besonders. Irgendwo hatte ich doch so ein paar schwarze Sandalen mit Swarowskis, die könnten prima dazu passen. Nachdem ich eine Schublade nach der nächsten herausgezogen habe, stelle ich fest, dass meine Schuhe verschwunden sind.

»Weißt du, wo meine schwarzen Swarowski-Sandalen sind?«, laufe ich in Verenas Ankleidezimmer, die ebenfalls gerade dabei ist, ihre Ausbeute zu verstauen.

»Schwarze …? Ach die, ja, die habe ich in die Altkleider geben!«

»Wieso? Die waren doch fast neu. Die habe ich nur zwei Mal getragen!« Ungläubig stemme ich die Arme in die Hüften.

»Püppi, die waren von der letzten Saison. Jetzt sind wir wieder in einer anderen Styling-Phase. High-Heels sind angesagt.«

»Na ja, kann schon sein. Aber ich fand sie trotzdem toll und außerdem sortiere ich ehrlich gesagt lieber selber aus.« Ich bin ein bisschen verschnupft über Verenas Eigenmächtigkeit.

»Ist doch klar!« Versöhnlich zieht sie mich an sich, »Nächstes Mal machen wir das einfach zusammen, okay?! Lust auf Kino heute Abend?«

»Klar, was läuft denn?«, bin ich wieder versöhnt.

Verena hakt sich unternehmungslustig bei mir unter und zieht mich mit hinaus, doch bevor sie mir antworten kann, hören wir Papa kommen. »Verena, Tasha, kommt ihr mal bitte?«

Flugs hüpfen wir zusammen die Treppe runter und kichern dabei wie alberne Gänse. Doch als ich Papas Gesicht sehe, bleibt mir das Glucksen im Halse stecken.

»Schön, dass ihr so eine Freude habt!«

»Wir haben gerade beschlossen, ins Kino zu gehen ... Willst du nicht mit, Papa?«, imitiere ich gekonnt Verenas Augenaufschlag, weil ich völlig verunsichert bin über seinen versteinerten Gesichtsausdruck.

»Erst haben wir etwas zu besprechen.« Papa dreht sich um und wir folgen ihm durch den Flur, während wir uns fragende Blicke zuwerfen.

»Setzt euch bitte!« Ernst deutet Papa auf zwei Sessel vor dem Schreibtisch in seinem Arbeitszimmer.

»Warum so feierlich, Jörg?«

»Also, hmhmhh«, räuspert er sich, bevor er sich uns ge-

genübersetzt, »ich komme am besten direkt zur Sache. Ich habe heute mit Tashas Lehrern gesprochen. Die Prognose für das Bestehen der Nachprüfung ist *weniger* als rosig. Die Unterlagen mit nach Florida zu nehmen und dort *ab und zu* mal am Strand das Näschen reinzustecken, reicht definitiv nicht aus. Und die Prüfung in Mathematik zu bestehen, ist auf jeden Fall utopisch, hat Herr Werner mir dunkel prophezeit. Französisch birgt ehrlich gesagt wohl auch nur eine minimale Chance.«

»Aha.« Gelangweilt greife ich nach einer Süßigkeit auf seinem Schreibtisch.

»Deshalb habe ich mir Folgendes überlegt: Frau Kleinschmidt hat für mich heute alle Internate herausgesucht, die ein Sommercamp haben!«

»Und?!«, pule ich die Nuss aus der Praline.

»Das einzige Internat, das dazu auch noch Einzelunterricht in Französisch als Nachhilfe anbietet, liegt in der Schweiz.«

»So, so«, versuche ich mit einem Wurf die Nuss in den Papierkorb zu treffen.

»Und da habe ich dich heute angemeldet, Tasha!«

»Was???« Ich verschlucke mich an den Überbleibseln des Konfekts, die ich mir soeben in den Mund gestopft habe.

»Aber das ist doch toll«, strahlt Verena mich an. »Ein Schweizer Internat, was meinst du, was da für interessante Leute sind. Aus der ganzen Welt … Und bestimmt ist es, so, wie ich Papa kenne, eher etwas Edleres. Ach, ich beneide dich, Tasha«, lässt Mama sich begeistert in den Sessel zurückplumpsen.

Entgeistert starre ich an die Decke und puste stoßweise Luft aus.

»Außerdem«, fährt Mama fort, »kann man das doch schön splitten. Erst drei Wochen Miami und dann drei Wochen Schweiz. Dann bist du schön erholt. In Miami liegst du auf der faulen Haut und in den drei Wochen da in der Schweiz klotzt du richtig ran.«

»Sechs Wochen!«, kommt es unumstößlich aus Papas Mund.

»Sechs Wochen?«, frage ich entsetzt. »Aber … wir fliegen doch nach Florida. Und ich habe Geburtstag und Verena hat das tolle Restaurant gebucht, dieses, dieses …«

»*Sharky*!«, wirft Papa Verena kopfschüttelnd einen Blick zu, weil sie sich mal wieder verplappert hat und mir das Geheimnis bereits verraten hat.

»Ja, genau, *Sharky*, und außerdem habe ich doch schon allen davon erzählt!«

Papa zuckt zusammen, als wäre er von etwas getroffen worden. »Tasha, ich glaube, es läuft hier so einiges schief. Ich beobachte das schon lange und glaube mir, nicht nur wegen deiner schulischen Leistungen mache ich mir Sorgen. Auch wegen deiner … deiner Affenliebe zu deiner Mutter, die du jetzt idiotischerweise Verena nennen sollst. Du hast keine Freundinnen, du bist total auf Mami fixiert und sie auf dich. Das ist nicht normal.«

»Du spinnst doch, Jörg. Zwischen uns ist alles normal. Wir sind halt nur *mehr* als Mutter und Tochter!«, wirft Verena sich in die Bresche.

»Was gibt es MEHR als Mutter und Tochter?«, fragt Papi ernst.

»Na ja, Freundinnen eben!«

»Entweder bist du Mutter *oder* Freundin, Verena. Beides geht nicht! Und da du ihre biologische Mutter bist und man diese Tatsache nicht ändern kann, solltest du dich dementsprechend verhalten. Alles andere schadet Tasha, glaub mir. Sie braucht andere junge Frauen in ihrem Alter. Deshalb geht sie in die Schweiz und basta! Diesmal bringst du mich mit deinen Kulleraugen nicht davon ab!«

First Class

»Ich hasse Französisch, ich hasse die Berge, ich hasse Internate und ich hasse …« Den Rest meines Ausbruchs schlucke ich runter, als ich Monas und Bettys Gesichter im Türrahmen auftauchen sehe.

»Können wir reinkommen?«, fragt Mona.

»Klar«, schniefe ich und wische mir wütend die Tränen ab. »Da habt ihr's ja geschafft. Gratuliere. Jetzt könnt ihr mit *eurem* Vater in Urlaub!«

»Und mit *deiner* Mutter!« rümpft Betty verächtlich die Nase. »Herzlichen Dank, aber das ist ja wohl die Höchststrafe. Da wäre es sogar netter gewesen, wenn du auch mitgekommen wärst. Im Doppelpack seid ihr seltsamerweise irgendwie erträglicher. Vielleicht liegt's daran, dass sich Verena dann voll und ganz auf dich konzentriert und uns in Ruhe lässt. Zeig mal, wo geht's denn hin?«

Wortlos reiche ich ihr die Bestätigung der Schule.

»Huuh! Das liegt in der französischen Schweiz, die sprechen da kaum Deutsch. War mal zum Skifahren in der Nähe. Wenn du Französisch so hasst, wieso machst du dann nicht in Mathe die Nachprüfung?«, will Betty Kaugummi schmatzend wissen.

»Dann kann ich mich gleich zurückstufen lassen.«

Mit einem Blick auf den Inhalt meines Koffers schlägt Mona mir vor: »Ich würde die Pareos lieber wieder rausnehmen und besser Wanderhosen mitnehmen.«

Daraufhin trifft sie ein giftiger Blick von mir.

»Steht doch schließlich hier drauf, was man alles mitnehmen soll«, entschuldigt sie sich empört und schlägt mit dem Handrücken auf die Anlage des Aufnahmeschreibens.

»Lass mal sehen.« Genervt reiße ich ihr den Brief aus der Hand und lese laut vor: »Zwei Paar Wanderhosen, ein Paar Wanderstiefel, Schwimmanzug, Sportkleidung, drei bis vier Paar Hosen, ein Badetuch, ein paar Halbschuhe ... Halbschuhe? Was ist das? Pumps? Ballerinas? Sandaletten?«, schnauze ich rum.

»Na, auf jeden Fall bestimmt keine Flipflops«, zieht Betty mit einem Zungenschnalzen meine Tigerlatschen wieder raus, die ich mir in München gerade erst neu zugelegt habe.

»Die gehen mit!«, stopfe ich sie rigoros in meine Strandshorts. »Die werden doch wohl keine Kofferkontrolle machen, oder? Was meint ihr?«

»Keine Ahnung. War noch nie in 'nem Internat und es ist Lichtjahre her, seit ich *Hanni und Nanni* gelesen habe.«

»Doch, jetzt fällt's mir wieder ein, haben die nicht bei der Ankunft immer alles genau gecheckt?«, blinzelt Betty Mona zu. »Ja, klar, wegen Alkohol, Zigaretten, na ja, Drogen eben!«

»Nee, is' klar, *Hanni und Nanni* und Drogen und *Michel in der Suppenschüssel* sitzt zum Entzug in seinem Schuppen und schnitzt Männchen für die Anonymen Alkoholiker. Was willst *du* mir hier eigentlich schon wieder erzählen?«

»Du kannst ja richtig witzig sein!«, grinst Betty anerkennend.

»Am besten, ihr verzieht euch jetzt. Euer Flieger geht morgen früh und mein Zug heute Nachmittag. Dann seid ihr mich los und ...« Meine Stimme verlässt mich, ich will aber vor den beiden nicht schon wieder heulen. Da nimmt Mona mich plötzlich in den Arm und drückt mich: »Wird bestimmt nicht so schlimm!« Dann macht sie Betty ein Zeichen. »Komm, wir lassen Tasha jetzt in Ruhe!«

Vor lauter Tränen kann ich auf dem Zettel nichts mehr erkennen, ich will ihn auch gar nicht lesen. Deshalb zerknülle ich ihn und werfe ihn aus dem Fenster. »Ist mir doch egal ... ich packe ein, was ich will!«, stampfe ich mit dem Fuß auf. In Windeseile stopfe ich alles rein, was ich mit nach Florida nehmen wollte, und fläze mich wütend auf den Koffer, der zu platzen droht. Überall quillt etwas heraus. Nachdem ich an den Seiten alles reingestopft habe, presse ich ihn mit aller Kraft wieder zusammen. Da, eine Schnalle schließt ... nur noch dieses andere verdammte Ding ...

Plötzlich klingelt mein Handy. Vorsichtig löse ich die rechte Pobacke von dem Koffer, um mir das Handy aus meiner Handtasche zu angeln, und genau in dem Moment springt auch die andere Verschlussschnalle auf. Zeitgleich drücke ich bei dem Handy auf Annahme.

»Mist!«

»Das ist ja eine tolle Begrüßung!«

Oh, Tom. Was will der denn? Mir noch den Todesstoß verpassen, weil ich ihn so herzlos abserviert habe?

»Na ja, aber immer noch besser, als am Telefon zu erfahren, dass ich in die Ablage P gewandert bin.«

»P?«

»Wie Papierkorb!«, klärt er mich auf.

»Tom, das tut mir leid. Echt, das war blöd von mir und feige und ich möchte mich dafür entschuldigen!«, spule ich herunter, weil man das so macht, aber irgendwie tut es mir gar nicht so richtig leid, ich meine, jaaaa schon, ein bisschen, aber ich war eben gar nicht richtig in ihn verliebt. Deshalb prallt alles an mir ab.

»Allerdings! Das war echt das Allerletzte. Aber was dieser Maik mit dir gemacht hat, war ja auch nicht viel besser ...«

Waaaaaaas???? Das glaube ich nicht. Das hätte ich niemals von Maik gedacht. Nie, nie, niemals. Wahrscheinlich lacht sich schon halb Bödefeld samt Kreisstadt über meine Abfuhr schlapp. Schön, dass Maik alle informiert hat, und wie gut, dass Sommerferien sind, da brauche ich wenigstens keinem mehr in die Augen zu sehen.

»Mmh, Tasha, also ich ... mmh«, druckst er herum. »Meinst du, wir sollten es noch mal versuchen?«

»Das ist nicht dein Ernst?« Besitzt Tom denn kein Fünkchen Stolz? Verwundert halte ich das Handy auf Armlänge entfernt und starre es ungläubig an, bevor ich es mir wieder ans Ohr halte.

»Ich bin immer noch ganz schön verliebt in dich«, säuselt er.

»Oh, Tom, das ist zwar echt schmeichelhaft und total

süß, auch, dass du mir das mit der Telefon-Abfuhr nicht übel nimmst, aber im Moment hab ich echt andere Sorgen.«

»Was ist passiert?«

»Ach, hier steht grad alles Kopf. Ich melde mich nach den Ferien mal, okay!«

»Okay! Und viel Spaß in Florida!«

»Ähem, tja, ich flieg ja gar n...!« Doch noch bevor ich die Wahrheit ans Licht bringen kann, hat er bereits eingehängt.

Was war das denn jetzt? Das war doch bestimmt irgendso ein blöder Rachetrick? Der kann doch im Leben nicht wieder mit mir zusammenkommen wollen. Wer steckt da bloß hinter? Etwa Maik? Vielleicht haben die sich ja verbrüdert und wollen mir eins auswischen. Wenn der sogar schon alles rausposaunt hat ... Enttäuscht lasse ich mich wieder auf den Koffer fallen und starte einen zweiten Schließversuch. Dann halte ich inne. Hätte ich nicht von Maik gedacht. Verena hat wie immer recht, ich muss mir beim nächsten Mal jemanden suchen, der wirklich zu mir passt.

»Am Bahnhof in Genf wirst du abgeholt!« Papa legt den Arm um mich und reiht sich mit mir in die Rolltreppen-Schlange ein.

»Sag dem Fahrer dann aber auch bitte gleich, dass du vorne sitzen musst, weil dir hinten schlecht wird!« Verena stellt das Beautycase oben auf den Gepäckwagen und hakt sich bei mir unter.

»Sie ist fast siebzehn und kann eigenständig denken.

Du musst ihr also nicht ständig alles vorkauen!«, bemerkt Papa scharf.

»Warum wirst du immer gleich so zynisch? Das ist ein ganz neuer Zug an dir, Jörg, und ich muss sagen, der gefällt mir gar nicht.«

Kommentarlos geht Papa über ihre Bemerkung hinweg und ich betrachte die beiden besorgt. Hier stimmt was nicht mehr. In ihrer Ehe kriselt es. Ob Papa mich deswegen in die Schweiz schickt, damit sie auch mal Abstand von mir haben? Mama verbringt ja tatsächlich mehr Zeit mit mir als mit ihm.

»Püppi, es wird bestimmt ganz wunderbar. Denk an die vielen tollen Kontakte. Die Jugendlichen kommen aus der ganzen Welt, vielleicht findest du ja dort jemand, der wirklich zu dir passt. Mit Stil, mit einer netten, angesehenen, wohlhabenden Familie als Background!«

»Bevor du alles durch deine rosarote Brille verklärst, hättest du dir vielleicht lieber mal die Unterlagen ansehen sollen«, bemerkt Papa nicht ohne einen ironischen Unterton. »Das ist ein reines Mädcheninternat.«

Mama und ich reißen gleichzeitig unsere Augen ungläubig auf Desserttellergröße. Vielleicht hätte ich das Schreiben *doch* lesen sollen. Aber letztendlich, was hätte das gebracht?

»Außerdem geht's in den nächsten sechs Wochen ums Lernen. Tasha soll die Schule schaffen und nicht auf Bräutigamschau gehen.« Dann überreicht er mir die Tickets. »So, Liebes, auch wenn du jetzt wütend auf mich bist, eines Tages wirst du verstehen, dass ich nur dein Bestes will.«

»Bahnhöfe habe so etwas Unromantisches. Sie hätte doch auch fliegen können, statt in so einem stinkigen Zugabteil stundenlang durch die Weltgeschichte zu zockeln«, schnieft Verena vorwurfsvoll und öffnet ihre Handtasche, weil sie ein anscheinend ein Taschentuch sucht. Doch sie zückt ihr Portemonnaie. »Hier, Püppi«, drückt sie mir zwei Fünfhunderter in die Hand. »Falls du dir mal was Schönes kaufen möchtest oder für den Notfall!« Als Papa sich räuspert, um etwas zu sagen, sieht Verena ihn herausfordernd an. »Wollen wir mal hoffen, dass es keine Notfälle gibt – aber du kannst mich ja auf dem Handy erreichen. Immer! Tag und Nacht! Und wenn irgendwas schiefläuft, denk dran, ich hol dich dann da raus. So, und jetzt steck das Geld schnell weg!«

»Ja, und steck es *gut* weg!«, rät Papa mir mit einem missbilligenden Unterton. »In den Gebühren für das Sommercamp, die ich überwiesen habe, war das Taschengeld bereits enthalten. Keiner soll mehr mitnehmen. Aber das überlasse ich jetzt dir, Tasha!«

»Wieso, machen die einen Bodycheck mit mir? Reicht doch schon, dass die den Koffer untersuchen.«

»Wieso, wer sagt das denn?«, will Papa ungläubig wissen.

»Na, Mona und Betty!«

»Denen glaubst du am besten kein Wort!«, presst Mama säuerlich hervor, während ich bei Papa ein Grinsen sehe. Ein ganz kleines feines, nicht um den Mund, sondern in den Augen.

Zögernd knittere ich die Scheine in meiner Hand, dann stecke ich das Geld in die Tasche meines Hemdblusenkleides und blicke ihn herausfordernd an. »Ich denke an euch, wenn ich pauke und ihr euren Cocktail in der Hängematte am Strand schlürft!«

Der Zug fährt ein.

»Ich hasse Bahnfahren. Aber das sagte ich ja schon«, bemerke ich lapidar, weil mir ab jetzt niemand mehr zuzuhören scheint. Dass ich nicht bis Genf fliegen konnte, gehört wahrscheinlich auch zum lehrreichen Pflichtprogramm meines Erziehungsberechtigten. Die Türen öffnen sich.

»Hier, Wagen 37, dein Platz ist 95. Er ist reserviert.« Papa drückt mir das Ticket in die Hand und schiebt dann meinen Koffer in den Zug. Das Beautycase stellt er obenauf.

»Tschüss, meine Kleine. Genieß die Zeit und nutze sie *sinnvoll*!« Er drückt mich fest an sich und gibt mir einen sanften Kuss auf die Wange.

Dann tritt er einen Schritt zurück, um Mama den Vortritt für einen theatralischen Abschied zu geben. Ich glaube, selbst das Bahnhofspersonal hat Tränen in den Augen, als sich die Türen schließen.

Langsam schiebe ich mich durch das Zugabteil.

»Hey, können Sie nicht aufpassen. Das war mein Zeh!«, meckert ein Fahrgast.

Man kann sich aber auch anstellen. »Entschuldigung. Aber die Gänge sind sehr schmal hier!«

»Ja, aber nur für XXL-Koffer!«, blafft er zurück.

Blödmann. Wo ist hier eigentlich die Stewardess? Oder wie heißt das Bordpersonal hier? Das ist alles so unübersichtlich mit den Plätzen und so. Am besten ich lasse meinen Koffer jetzt einfach hier stehen und suche erst mal meinen Platz.

»Entschuldigen Sie, aber das Monstrum können Sie nicht einfach hier abstellen Die anderen Fahrgäste kommen ja gar nicht durch.«

Sie können ja drüberklettern, denke ich megagenervt über den Schlauberger in Bahn-Outfit, verkneife mir meine Aussage und kullere mit den Augen.

»Das ist ja Klasse, dass ich Sie hier treffe, Sie können mir doch bestimmt mit dem Gepäck helfen und mir sagen, wo mein Platz ist.«

Tatsächlich führt er mich zu meinem Sitzplatz und da er erkannt hat, dass ich Zug-Legastheniker bin, hält er mir gleich noch ungefragt einen Vortrag über das Verhalten in Zügen.

Endlich bin ich an meinem Sitzplatz angekommen. »Na, dann mal vielen Dank und einen schönen Tag noch!«, würge ich ihn ab.

Wieso sitze ich nicht in einem kleinen, abgegrenzten Abteil? Und wieso hocke ich jetzt stundenlang neben einer mir völlig fremden Person? Ich bin megasupermonstermäßig genervt und deshalb setze ich mich grußlos neben meine vermeintliche Sitznachbarin. Hoffentlich steigt die bei der nächsten Station aus und ich kann mich hier richtig schön breit machen.

»Hömma, deinen Krempel kannste hier aber nich stehen lassen!«, raunzt mich ein Bundeswehrsoldat an.

»Ja, und wo soll ich bitteschön damit hin?«

Wortlos deutet er auf die Ablage unter der Decke.

»Da, wo alle ihre Plörren verstauen, kannst auch du, Prinzessin, deine goldene Erbse platzieren!«, deutet er auf meinen goldfarbenen neuen Trolley.

»Blödmann!«, flüstere ich.

»Wat hasse gesacht?«, will er wissen und formt die Augen zu kleinen Schlitzen.

»Dass du ein Frosch zum Küssen bist!«

»Pass bloß auf, ich hab dat schon gehört da vorhin!«

Ein leises Kichern ertönt links von mir, dann steht meine Sitznachbarin auf, »Komm, ich helfe dir, zu zweit geht das besser!«

Gemeinsam wuchten wir den Koffer auf die Ablage. Nachdem ich mich bedankt habe, durchforste ich schnell meine Unterlagen. Hat Papa nicht was von Umsteigen gesagt? Ich kann auf diesen blöden Tickets nichts erkennen. Da lobe ich mir doch Flugtickets, die sind auch für den Döfsten lesbar.

»Die Fahrkarten bitte!«, brüllt mir ein Schaffner ins Ohr.

Umständlich krame ich die Karte aus meiner Handtasche.

»Hier, bitteschön.«

Mit zerknittertem Gesicht und einer Uniform in ähnlicher Verfassung inspiziert er meine Fahrkarte.

»Können Sie mir wohl bitte sagen, wo ich umsteigen muss?«, frage ich höflich.

Ohne aufzublicken lässt er verlauten: »In Basel. Aber dort haben Sie nur acht Minuten zum Umsteigen. Allerdings geht der Zug vom gegenüberliegenden Gleis ab … Das müsste zu schaffen sein«, murmelt er in seinen Bart, während er das Ticket eingehend überprüft. »Sie sitzen auf dem falschen Platz!«

»Wieso, ich habe doch die … die Reservierung.« Mehrfach tippe ich auf die Unterlagen in seiner Hand.

»Schon, ja. Aber Sie sind im falschen Abteil. Sie müssen«, er deutet in Richtung Zuganfang, »durch den Speisewagen und dann in die erste Klasse!«

»Mit dem ganzen Gepäck?« Hechelnd lasse ich die Zunge raushängen. »Das schaffe ich nicht noch mal. Kann ich nicht hier sitzen bleiben?«

Sein prüfender Blick fällt auf die Reservierungsanzeige. »Der Platz ist nicht reserviert, von mir aus können Sie hier bleiben. Aber die Differenz bekommen Sie nicht zurückerstattet. Da brauchen Sie nachher gar nicht mehr anzukommen«, meckert er vorbeugend.

Erste Klasse? Mmh, klingt nach mehr Beinfreiheit, serviertem Essen und aktuellen Topmagazinen. Aber auch nach Kofferschlepperei und erneutem Risiko, neben so einem Idioten wie dem Froschkönig sitzen zu müssen. Mein Blick fällt auf meine Sitznachbarin.

»Du musst dich echt sputen, um den Anschlusszug zu kriegen, ich hab ihn auch schon öfter verpasst«, murmelt sie mir zu, als der Schaffner uns den Rücken zudreht.

Verwundert sehe ich sie an. »Wieso, er hat doch eben gesagt, dass der Zug vom Nachbargleis startet?«

»Startet? Das ist doch keine Startbahn. Hihi«, kichert sie erneut. »Du fährst wohl nicht oft Bahn?!«

»Im Leben nicht. Ich hasse es. Hier drin stinkt's«, betone ich naserümpfend meine Feststellung, »und dann diese vielen seltsamen Menschen. So … so … unfreundlich und dann fühle ich mich jetzt schon so, als müsste ich duschen.« Vorsichtig drehe ich mich um, ob der Froschkönig für Arme mich auch nicht gehört hat.

»Oooch«, sie wickelt ein Butterbrot aus. »Ich fahre eigentlich ganz gerne Zug. Meistens trifft man ganz nette Leute«. Sie beißt in ihr Butterbrot und macht eine lange Pause, bis sie zu Ende gegessen hat. »Und man kann ein Nickerchen machen.«

»Nickerchen?« frage ich sie fassungslos. Wie kann man denn in so einer Mockbude schlafen? »Also, ich werde hier drin bestimmt kein Auge zumachen. Außerdem«, ich deute mit dem Finger hoch zur Ablage, »muss ich auf meinen Koffer aufpassen. Dass den auch niemand klaut.«

Sie kichert wieder. »Da brauchst du keine Angst zu haben. Unauffällig kann den hier keiner rausschleppen. Der wiegt doch bestimmt über 30 Kilo.«

»Kann schon sein. Aber …«. Wie ein Wiesel checke ich die Sitzreihen mit den Augen ab. »Ich trau hier keinem! Besser, ich ziehe doch um in die Erste.«

»Schade!«, sagt sie und bevor sie erneut in ihr Butterbrot beißt, reicht sie mir die Hand. »Ich bin übrigens Franziska!«

»Tasha«, nehme ich sie entgegen und bin jetzt irgendwie richtig froh, neben ihr zu sitzen. Ich hätte es auch schlechter treffen können. Mein Handy klingelt.

»Schatz, wie geht es dir?«

»Danke, Verena. Geht schon … irgendwie.«

»Wirst du gut versorgt?«

»Na, wie man's nimmt. Sitze allerdings in der zweiten Klasse, habe mich vertan!«

»Na, dann klingelst du am besten nach einem Kofferträger und lässt dir dein Gepäck dorthin bringen, wo du hingehörst. Nämlich in die erste Klasse!«

»Ja, mal sehen!«

»Wie meinst du das?«

»Na ja, Verena, das mit dem Personal hier funktioniert nicht so, wie du dir das vorstellst.«

»Gib ihnen Trinkgeld, dann fluppt das schon. So, meine kleine Püppi, jetzt lass dich schön verwöhnen. Ich hab dich lieb. Ruf mich doch später mal an, ja? Kuss.«

»Auch Kuss, tschüss, Verena.«

»Und setz dich durch, Kind!«

»Ja, ja, mach ich!«

Nachdem ich eingehängt habe, fühle ich mich seltsam. Irgendwie unwohl. Verena gibt mir das Gefühl, etwas Besseres zu sein, und schon glaube ich das auch. Warum eigentlich? Ach, egal, wahrscheinlich sind eben manche für die erste und andere für die zweite Klasse geboren.

»Ich checke jetzt mal meinen Platz vorne. Kannst du ein Auge auf mein Gepäck werfen?«

»Klar, kein Problem!« Franziska öffnet den Deckel einer Wasserflasche und trinkt hastig. »Ist das warm hier!«

»Sicher haben die vorne *air condition*!«

»Kann gut sein.«

»Willste nicht mit umziehen?«, schlage ich Franziska vor.

Bedauernd schüttelt sie den Kopf. »Geht leider nicht!«

»Wieso?«

»Na, weil ich nur für die zweite Klasse bezahlt habe

und dann bestimmt noch zweihundert Euro drauflegen müsste!«

»Ach so, das ist doch bestimmt kein Problem, das kann man doch sicher auch mit Karte beim Schaffner bezahlen.«

»Schon möglich«, sagt sie immer noch sehr freundlich und fügt bestimmt hinzu: »Aber ich kann mir das nicht leisten.«

Aha.

»Aber ich kann dir gerne beim Gepäck helfen!«, bietet sie mir an.

»Gut, dann schau ich mal eben nach!«

Eilig schlängele ich mich durch die Gänge, denn auch wenn Franziska nett zu sein scheint, wenn mein Gepäck wegkäme, bin ich ein Niemand. Kaum vorstellbar, dass mir jemand meine Klamotten klaut und ich dann nichts mehr habe.

Als ich in die erste Klasse komme, stelle ich fest, dass das rein gar nichts mit der *Businessclass*, geschweige denn mit der *First Class* im Flieger zu tun hat. Aber es ist dennoch geräumiger hier und der Sitznachbar mit Anzug, Krawatte und Hornbrille wirkt sehr gepflegt. Die Koffermarken in den Gepäckablagen sehen vertraut aus und geben mir irgendwie das sichere Gefühl, unter meinesgleichen zu sein. Somit beschließe ich meinen Umzug.

Während Franziska und ich schnaufend versuchen, meinen Koffer erneut in der Gepäckablage zu verstauen, zückt mein neuer Nachbar gelangweilt sein Laptop. Er macht keine Anstalten, auch nur einen Finger zu rühren.

Nicht sehr gentlemanlike, denke ich und bin erstaunt über seine Ignoranz. Dennoch fühle ich mein Gepäck hier sicher aufgehoben und lade Franziska spontan zu einem Snack in dem Bordrestaurant ein.

»Das ist ganz lieb, aber ich habe das wirklich gerne gemacht.«

»Ich würde mich trotzdem gerne revanchieren!«

»Nicht nötig, wirklich, außerdem habe ich gerade etwas gegessen!«

»Vielleicht 'ne Cola oder 'ne Latte macchiato?«

»Sonst gerne, aber ich würde lieber wieder zurück auf meinen Platz, ich wollte nämlich gerne noch was lesen und dann ein bisschen schlafen ...«

»Ah, so, ja, klar. Dann trotzdem noch mal danke!«

»Tschüss, Tasha!«

»Tschüss, Franziska!«

Das Essen im Bordrestaurant ist echt eine Zumutung und ich bin froh, dass ich eine Cola und keine Latte genommen habe. Die können hier mal rein gar nichts. Ich nehme eine zweite Cola mit zum Platz und will gerade den Herrn bitten, mich auf meinen Sitz ans Fenster zu lassen, da erhebt er sich wortlos, um mich durchzulassen. Ich zücke eine von Verenas Zeitschriften und blättere lustlos darin herum. Noch acht Stunden Zugfahrt und ich langweile mich jetzt schon bis aufs Äußerste. So, aber jetzt muss ich erst mal dringend aufs Klo, am besten, ich nehme meine Feuchttücher mit, sicher ist es dort ganz eklig.

»Ähem, darf ich mal eben?«

Ein vorwurfsvoller Blick trifft mich, als Monsieur sich erhebt, um mich erneut durchzulassen. Dann durchzuckt es mich. Mist! Wo ist mein Beautycase? Ich muss es in dem anderen Abteil stehen gelassen haben. Panisch haste ich zurück zu meinem alten Platz. Erleichtert sehe ich es auf der Ablage thronen. Franziska lächelt mir kurz zu, sie ist in ein Gespräch mit einer neuen Sitznachbarin vertieft.

»Hatte ich vergessen!«, sage ich und ziehe das Gepäckstück herunter.

»Siehst du, hier kommt nichts weg!«, lächelt sie freundlich. Ihre Aussage hinterlässt aber dennoch bei mir einen schalen Beigeschmack. Anscheinend fühlte sie sich durch meine Bemerkung mit dem Klauen in der zweiten Klasse und so vorhin auch irgendwie angesprochen und ist jetzt etwas beleidigt. Doch so, wie sie gerade gelächelt hat, höre ich wahrscheinlich die Flöhe husten. Sicher hat sie auch gespürt, dass ich nicht hierher gehöre. Trotzdem schade. Eifersüchtig beobachte ich Franziska und ihre neue Sitznachbarin und bleibe kurz am Ende des Abteils noch einmal stehen. Wäre hier bestimmt lustiger gewesen …

Grüezi

Endlich angekommen.

Na, das mit dem Koffern hat ja prima geklappt. Der Anzugträger hat sich verdünnisiert, als wir in Basel einliefen, und ich habe mich auf den Sitz gestellt und mit aller Kraft den Koffer runtergehievt. Dabei habe ich mir einen Ratscher quer über den Oberarm gezogen und, ich glaube, meinen Nacken verrenkt. Wahrscheinlich Schleudertrauma, oder Bandscheibenvorfall in den oberen Wirbeln. Gibt's das überhaupt?

Im zweiten Zug bin ich dann in Tiefschlaf gefallen. Glücklicherweise rief Verena mich wieder an und somit habe ich meine Station nicht verpasst.

So! Suchend lasse ich meine Augen durch die Menschenmenge am Genfer Hauptbahnhof streifen. Mittendrin entdecke ich plötzlich einen mittelalten Herrn mit einer unglaublichen Kopfbehaarung. Sieht aus wie ein Yeti, oder habe ich schon Halluzinationen nach dieser Weltreise? Er hält ein Schild hoch. »Institut du Montagne«.

»Grüezi, Tag, ich bin Tasha Bruns!«, überreiche ich ihm erst meine Hand zur Begrüßung und dann mein Gepäck zum Abtransport.

»Bonjour, Mademoiselle. Est-ce que vous avez passez une agréable voyage?« Sein misstrauischer Blick auf mein Gepäck lässt eine spätere Kontrolle befürchten. Sollte Betty doch recht gehabt haben?

»Soyez gentille de me suivre, la voiture est garée sur le parking!«

»Ja, danke, es war ganz okay«, decodiere ich jetzt mal, was er gesagt. »Jetzt bin ich aber froh, wieder in der Zivilisation zu sein«, bemerke ich augenzwinkernd.

»Excusez moi, mais je ne vous comprends pas. Est-ce que vous ne parlez pas français?«

Nein, nicht wirklich. Schließlich bin ich ja dafür hier. Das kann ja heiter werden, wenn die Dorfheinis hier alle nur ausländisch sprechen.

Aus den Augenwinkeln sehe ich, wie ein junger Mann Franziska begrüßt. Das ist ja ein Ding. Ich wusste gar nicht, dass die auch nach Genf fährt.

»Tschüss, Franziska!«, rufe ich laut und hebe die Hand zum Winken, doch sie ist bereits in der Bahnhofshalle verschwunden. Teilnahmslos folge ich dem Yeti und beobachte, wie er mein Gepäck in einem alten VW-Bus verstaut. Gespannt sehe ich mich um und frage mich, in welchem Gefährt ich zum Internat kommen soll.

Da kommen zwei Mädchen in meinem Alter aus dem Bahnhofsgebäude gestürmt.

»Désolée, ils nous faut encore quelque chose à boire pour le voyage!«

»Pas de problème!«, sagt der Yeti und öffnet mit einem Rumms die Schiebetür. »Entrez!«

Zu dritt quetschen wir uns auf die Rückbank.

Die beiden wirken so vertraut miteinander, dass ich mich etwas ausgeschlossen fühle.

»Seid ihr zusammen gekommen?«

»Nein, wir haben uns im Zug kennen- und lieben gelernt!«, bemerkt die große Blonde und macht damit klar, dass die beiden schon ein Dreamteam sind und dass da gefälligst keiner mehr zwischenzukommen hat.

»Woher wusstet ihr denn, dass ihr beide ins selbe Institut fahrt? Das ist ja ein Riesenzufall!«, will ich die Konversation in Gang bringen.

»Zufall, wieso? In den Unterlagen standen doch alle Adressen der Mädchen und so konnte man sich doch mit denen, die in der Nähe von einem wohnen, in Verbindung setzen. – Hi, ich bin Katlen aus Hamburg. Und ich Wiebke aus Bremen!«, reichen sie mir höflich die Hände.

»Hallo, ich bin Tasha und komme aus Bödefeld!«

»Wo liegt das denn?«, fragt die hochgewachsene blonde Katlen.

»Nähe Winterberg!«

»Nie gehört!«, fügt Wiebke hinzu.

Dann grinsen sie sich an.

»Hört sich nach Kuhdorf an!«, bemerkt Katlen hämisch.

Damit haben sie genau in meinen fettesten Komplex gestochen. »Na ja, es ist nicht wirklich groß, aber wir haben noch eine Wohnung in München, eine Finca auf Mallorca und ein Haus in Miami.«

Wiebke verdreht die Augen und die beiden wenden sich von mir ab. Von da an schließen sie mich während der ganzen Fahrt aus ihren Gesprächen aus.

Ph, mir doch wurscht. Habe sowieso nicht vor, hier irgendwelche Freundschaften zu schließen. Ich sitze die Zeit im Institut sowieso nur ab, halte mich aus allem raus und hoffe, dass ich nicht mit einer der beiden Zicken auf ein Zimmer komme.

Dieser Wunsch wird mir erfüllt. Ich teile mein vermeintliches Doppelzimmer mit Carla van Growingen und Samira Lörtscher. Zumindest stehen diese Namen an der Tür meines Holzverschlages. Drei in einem Zimmer! Fassungslos lasse ich mich auf das Bett fallen. Das ist ja schlimmer als 'ne Jugendherberge und diese Hütte hier ist doch mindestens aus dem vorvorletzten Jahrhundert. Alles ist aus Holz, das Haus, die Veranda, die Türen, die Böden, die Betten, die Bilderrahmen, bestimmt auch die Toilettenbrillen. Apropos ... wo ist eigentlich das Badezimmer? Erschöpft quäle ich mich vom Bett hoch. Ich brauche jetzt wirklich dringend eine Dusche und dann werde ich Papa und Verena anrufen und ihnen mitteilen, dass sie nicht von mir verlangen können, in diesem Entwicklungsland auch nur eine Nacht zu verbringen. Bevor ich das Zimmer verlasse, stecke ich meinen Kopf aus dem Balkonfenster. Verwundert stelle ich fest, dass es draußen superleise ist. Man hört kein Geräusch, keinen Pieps, rein gar nichts. Als ich mich auf die Suche nach dem Badezimmer mache, wundere ich mich noch über diese unwirkliche Stille. Dann höre ich den Boden unter mir knartschen. Jemand spricht leise, doch man kann jedes Wort verstehen.

»Mit diesem arroganten Bauerntrampel gibt's bestimmt noch Probleme. Wetten?«

»*Wir haben eine Wohnung in München, eine Finca auf Mallorca und ein Haus in Miami*«, äfft jemand meine Stimme nach, bevor sie mit der anderen in ein fieses Gelächter einstimmt.

Na super, gerade angekommen und schon Feindinnen gemacht. So geht das immer bei mir. Neider sind halt überall. Verena hat ja so recht. Ich weiß ja, ich sollte besser meine Klappe halten, aber manchmal fühle ich mich provoziert und dann fällt es mir schwer, mich zurückzuhalten. Ich weiß auch nicht, warum ich den anderen immer imponieren will ...

Mit meinem Beautycase bewaffnet steuere ich auf eine Holztür mit der Aufschrift »Salle de Bains« zu. So viel Französisch kann ich, Gott sei Dank doch, dass ich weiß, dass sich dahinter das Badezimmer verbirgt. Als ich die Tür öffne und dieses spartanische Quadrat innerhalb einer Zehntelsekunde mit meinen Augen erschlossen habe, wird mir bewusst, dass ich diesen Ort hier wahrscheinlich noch mit anderen teilen muss.

Ich will nach Hause!!!

Nach der Dusche fühle ich mich schon viel wohler, nur die Suche nach den Handtüchern stellt sich als etwas schwierig dar. Nachdem ich bereits alle Holzeinbauschränke von außen nach innen umgekrempelt habe, gebe ich auf. Die haben hier keine. Na super, und jetzt? Wie soll ich mich denn bitteschön abtrocknen? Vorsichtig öffne ich die Tür zum Flur. Draußen ist es schon deutlich lebhafter, als vorhin. Es sind noch weitere Mädchen angekommen. Türen fliegen, Gelächter hallt durch die

Flure, aufgeregte Stimmen erklingen, das Holzhaus wird lebendig. Mein Herz fängt jetzt deutlich schneller an zu schlagen. Schließlich kenne ich hier niemanden und Verena ist jetzt auch bald kilometerweit weg. Ich muss sie dringend anrufen. Als jemand die Treppe hinaufsteigt und durch das Knarren der Dielen zu erkennen ist, dass die Person soeben aufs Bad zusteuert, verschließe ich schnell wieder die Tür. Eilig rubble ich mich mit meinem alten Unterhemd ab, steige in eine frische Unterhose und fühle den klebrigen Stoff meiner Hose auf meinen nassen Beinen. Dieser klamme Zustand ist extrem unangenehm und nachdem ich in BH und Bluse geschlüpft bin, fühle ich die Tropfen aus meinen Haaren über meine Kleidung laufen. Das habe ich schon immer nach dem Schwimmen gehasst. Besonders im Winter. Am besten noch mit Rollkragenpulli aus Wolle. Ähhh, das ist so was von unangenehm.

Barfuß schleiche ich zurück in mein Zimmer. Dort erwartet mich eine holländische Großfamilie. Na wunderbar. Alle starren mich großäugig an, als ich zur Tür hereinhusche. »Tschuldigung, aber die haben hier keine Handtücher!« Mit einer Hand streiche ich mir die Haare aus dem Gesicht.

»Wart mal!« In Windeseile hat die pausbäckige Holländerin, die schätzungsweise in meinem Alter ist, ein Handtuch aus ihrem Koffer gezaubert.

Dankend nehme ich es entgegen und wickle es wie einen Turban um mein nasses Haar.

»Ich bin Tasha Bruns!«, grüße ich in die Runde.

»Carla von Growingen! Wir sind Bettnachbarn«, sagt

sie in einem einwandfreien Deutsch. Dann stellt sie mir den Rest der Familie vor und ich wünschte mir, Mama wäre jetzt hier. Die würde vor Freude in die Luft gehen, wenn sie diese hochherrschaftliche Familie sehen könnte.

»Du sprichst ja völlig akzentfrei!«, stelle ich verwundert fest.

»Wir haben lange in Deutschland gelebt!«

»Ach, wo denn?«, frage ich neugierig, während ich dezent meine Haare abtupfe.

»In Berlin. Mein Vater hat dort vier Jahre gearbeitet, bis er nach Brasilien versetzt wurde!«

»Das ist ja toll!« Neid kriecht mir die Kehle rauf und lässt meine Stimme rau werden. Schließlich kann ich mit Bödefeld ja kaum Staat machen. »Dann sprichst du ja auch Portugiesisch!«

»Mmh, ja!«

Ich vermute, dass das noch nicht alles war. Hinter dieser ehrgeizigen Stirn verbirgt sich bestimmt noch viel mehr.

Carla verstaut ihren Koffer. »Du entschuldigst uns jetzt bitte. Meine Familie und ich, wir wollen essen gehen. Morgen fahren alle weiter nach Italien, dort lebt die Familie meiner Mutter.«

»Dann sprichst du auch noch Italienisch?!«, entfährt es mir.

»Ja, und Englisch und Ungarisch«, klärt sie mich kurzerhand auf, als wäre es das Normalste auf der Welt.

Entsetzt starre ich sie an.

»Keine Sorge, dafür muss ich an meinem Französisch

arbeiten«, beruhigt sie mich ernsthaft. »Papa wird nächstes Jahr nach Paris versetzt. Salut, Tasha, bis später dann.«

Demotiviert lasse ich mich auf mein Bett fallen und lege mir das Handtuch über das Gesicht. Muss ich jetzt noch mit einer mehrsprachigen Streberin auf einem Zimmer sein? Reicht es nicht, dass mein Leben für sechs Wochen auf diesen puristischen Hüttenalbtraum zusammengeschrumpft ist? Außerdem explodiere ich gerade innerlich. Dieses seltsame Grummeln in meinem Magen bei dem Gedanken, dass diese Carla schon überall gelebt hat, mehrere Sprachen spricht und wahrscheinlich auch noch adelig ist, lässt mich platzen. Ein neues, unschönes Gefühl. So fühlt sich also Neid an. Etwas, was ich eigentlich so noch nie gespürt habe. Zumindest nicht bei mir, nur bei den anderen, die *mich* sonst immer um alles beneiden.

»Grüezi, ich bin Samira!«

Aha, Zimmergenossin Nummer zwei ist eingetroffen.

Samira steht vor meinem Bett, lupft mein Handtuch und fragt mich mit einer undurchdringlichen Stimme, die so gar nicht zu dieser kleinen, drahtigen Person passen will: »Kannst du mir sagen, welches Bett meins ist?«

»Das an der Tür ist noch frei.«

»Cool. Dann habe ich mal ein anderes Bett!«

Samira lässt das Handtuch wieder zurückfallen und während sie wieder zur Tür geht, blinzle ich neugierig an der Seite hervor.

»Warst du denn schon mal hier?«

»Ich bin hier seit zwei Jahren im Internat und steuere auf die Matura zu. Meine Sommerferien verbringe ich auch immer hier«, sagt sie und steckt ihren Kopf zur Tür raus: »Kommen Sie rein und stellen Sie das Gepäck bitte hier ab.«

Ein Mann im Chauffeur-Outfit erscheint und bringt einen riesigen Seesack herein.

»Danke, Eduard, und kommen Sie gut wieder nach Hause.«

»Machen Sie es gut, Fräulein Samira und wie immer ... schöne Ferien!«

»Danke!«

Schwungvoll wirft Samira ihren Seesack auf das Bett und beginnt aus- und wegzupacken. Diesmal fragt sie mich nicht mehr, welcher Schrank noch frei ist, sie hat die Lage schon gepeilt und öffnet die passende Tür. Als Erstes stellt sie ein Paar abgeliebte Joggingschuhe hinein und der Rest, der zum Vorschein kommt, besteht zu hundert Prozent aus Sportkleidung. Interessiert betrachte ich sie. Samira wirkt sehr uneitel, hat aber im Gegensatz zu Carla ein hübsches Gesicht. Ungeschminkt zwar, aber man könnte jede Menge aus ihr machen. Vor meinem inneren Auge schieße ich von den Gesichtern meiner beiden Zimmergenossinnen Vorher-Nachher-Bilder und nehme mir vor, ihnen in den nächsten sechs Wochen ein neues Styling zu verpassen

Plötzlich lässt mich ein Glockengeläut fast aus dem Bett fallen. Samira greift nach ihrem Sweater. »Kommst du mit?«

Mit der Hand fasse ich in meine nassen Haare. »Ich muss mich noch föhnen.«

»Mach das, ich geh schon mal!«

»Warte, ich … ich habe keinen Föhn mit. Ich dachte, dass das alles hier gestellt wird.«

»Steht doch alles in den Unterlagen, Föhn, Handtücher, Bettwäsche und so weiter!«

Samira hat einen harten Schweizer Akzent, bemüht sich aber, mit mir Hochdeutsch zu sprechen.

»Hab ich nicht gelesen.«

»Hättest du aber besser! Mit einem Föhn kann ich dir leider nicht dienen, ich lasse meine kurzen Haare immer so trocknen. Aber ich kann ja mal unten bei den anderen Mädchen fragen.«

»Bettzeug habe ich auch nicht!«

»Na, wenigstens hast du an Handtücher gedacht«, stellt sie trocken mit Blick auf das Handtuch auf meinem Kopf fest.

»Ist geliehen!«

Erstaunt starrt sie auf meinen Koffer.

»Ist das deiner?«

»Ja!«, sage ich bestätigend und fühle mich irgendwie peinlich berührt. Mein Koffer ist doppelt so groß wie ihr Seesack und auch größer als Carlas Koffer und wahrscheinlich haben die alles dabei und mir fehlt mehr als die Hälfte.

»Wanderschuhe?«, hakt Samira nach.

Kopfschüttelnd verneine ich.

»Sportkleidung?«

»Bikinis und eine Art Strandanzug, den man aber auch als Jogginganzug nutzen kann!«, füge ich schnell erklärend hinzu.

»Aha!«, stellt sie missbilligend fest. »Du machst wohl nicht viel Sport, oder?«

»Mein Motto ist: Sport ist Mord!«, grinse ich und spüre Samiras mitleidigen Blick auf mir ruhen. »Ehrlich, ich bin froh, dass ich meine gute Figur ererbt habe. Wenn ich dafür was tun müsste ... Puh, nee. Anstrengung, Schweiß, Wettkampf, das ist alles nicht so mein Ding.«

»Ich geh dann mal runter!« Leichtfüßig rennt sie die Treppe hinab und ich hadere mit mir, ob ich mit dem nassen Kopf hinterher soll oder nicht. Erst mal schließe ich die Tür, diese Samira hat echt keine Manieren, lässt hier einfach die Tür offen stehen. So, wie die aussieht und diese alten abgetragenen Klamotten, scheinen sich die Eltern ganz schön krummzulegen damit sie hier sein kann, überlege ich, während ich mir vorsichtig die Haare trocken rubbele. Schließlich hat Papa ja jede Menge Geld für dieses Institut hingeblättert, hat Verena gesagt. Eigentlich müsste er sich das mal angucken, damit der sieht, für was für eine Bruchbude er so viel ausgibt. Das ist doch echt Beschiss.

Es gongt zum zweiten Mal.

Wird ja wohl nicht so schlimm sein, wenn man nicht pünktlich zum zweiten Gong erscheint. Wahrscheinlich geht sowieso erst alles beim dritten los. Nachdem ich meine Haare einigermaßen gestylt habe, angele ich mir mein Beautycase vom Boden. Ohne Make-up wird mich hier keiner außerhalb unseres Zimmers sehen. Wie sagt Verena immer: Wenn Frauen aufhören sich zu schminken, dann geht es abwärts mit der Gesellschaft.

Plötzlich hämmert es an die Tür.

»Mademoiselle Brüns!«

»Ja!«

»Descendre, s'il vous plaît. Vous êtes la dernière, nous voulons commencer ponctuel!«

Vorsichtig stecke ich die Nase zur Tür hinaus!

»Anfangen?« Das ist das Einzige, was ich verstanden habe.

»Oui, commencer!«

»Womit?«

»Mit dem Einführungsprogramm und dem Nachtessen!«

»Okay, komme schon. Aber Carla von Growingen ist auch nicht da!«

»Sie ist für heute Abend entschuldigt!«, sagt die Dame jetzt, Gott sei Dank, weiterhin auf Deutsch. Man braucht eben nur hartnäckig zu sein, dann klappt das auch mit der Verständigung, denke ich triumphierend.

»Wenn Sie in zwei Minuten nicht unten sind, fällt das Nachtessen für Sie heute aus!«

Eigentlich keine schlechte Vorstellung, aber in Anbetracht der Tatsache, dass ich einen Mordskohldampf habe und dieses Thunfischsandwich im Zug nach dem ersten Bissen wegen Ekelpickelalarm entsorgt habe, reiße ich mich zusammen und folge ihr, obwohl ich mit meinem Make-up noch sehr unzufrieden bin.

Unten ist die Einführung soeben zu Ende, ich verstehe nur noch »Bon Appetit« und schon wird der erste Gang serviert. Salat mit Leinöl und Balsamico. Als ich mich nach anderen Saucen umsehe, entdecke ich nichts außer den Karaffen mit Getränken. Wasser oder Hagebuttentee. Was für eine Alternative? Ich entscheide mich für Wasser.

HG-Tee habe ich das letzte Mal im Kindergarten getrunken und ich will hier nicht wieder rudimentieren. Neben mir regt sich gerade eine Amerikanerin auf, dass es in den Staaten in jedem anständigen Restaurant acht verschiedenen Dressings gibt. Minimum.

Das Essen ist auch weiter abendfüllendes Programm. Es gibt gedünstetes Gemüse, Kartoffeln und gebratenen Fisch mit Rosmarin. Ohne Sauce. Plain, pur, eben einfach mit nix. Es sieht genauso sparsam aus wie die Räume in diesem Haus. Manche verweigern das »köstliche Mahl«, einige wiederum scheinen echt ausgehungert zu sein, andere blättern heimlich im Restaurantführer der Gegend und wieder andere lassen es sich einfach schmecken.

»Mmh, echt lecker!«, lässt Samira verlauten. »Das ist ein Egli.«

»Dass das eklig ist, sehe ich auch!« Die scheint echt nichts Gutes gewöhnt zu sein.

»Quatsch, der Fisch heißt so. – Hast du keinen Hunger?« Mittlerweile stiert sie schon fast auf meinen Teller.

»Doch, schon, aber das kann man doch nicht essen!«

»Ach ja, und wieso nicht? Was ist daran falsch?«

»Na ja, ich finde, es sieht nicht so wirklich appetitlich aus.«

»Ich weiß ja nicht, was du sonst so isst, aber das hier schmeckt wirklich fantastisch, ist gesund und hebt die Stimmung durch die Omega-3-Fettsäuren. Wenn du's nicht willst …«, sie zieht meinen Teller bereits ungefragt zu sich rüber, »… ich nehm's gerne!«

»Tu dir keinen Zwang an!« Verweigernd verkreuze ich die Arme vor der Brust.

»Ich halte nämlich nichts von Gruppenzwang«, sagt Samira mit diesem seltsamen Unterton.

»Wie meinst du das denn jetzt?«

»Ach, nichts, schon gut!«

Nach und nach versuchen immer mehr Mädchen das Essen und siehe da, die meisten sehen plötzlich ganz angetan aus. Auch die beiden aus dem Zug schlagen richtig zu, dabei haben sie vorhin am lautesten gemeckert. Ich kann nicht mehr zurück, auch wenn ich wollte. Samira macht sich nämlich gerade über meinen Teller her.

»Musst du auch Französisch lernen?«, frage ich höflich, weil ich finde, dass etwas Konversation nicht schadet und ich mich von meinem Hungergefühl ablenken muss.

»Nööö!«

»Wieso bist du dann auch noch in den Ferien hier?«, will ich verwundert wissen.

»Weil es so ganz gut passt!«, gibt sie eine grobe Erklärung ab, die wirklich Auslegungssache ist.

»Wie jetzt?« Verdattert glotze ich sie an. »Du kommst freiwillig hierher?«

»Joooa, kann man so sagen!«

Ist die schwachsinnig? Wie kann man denn aus freien Stücken in den Knast wandern? Vor allem, wenn man schon das ganze Jahr über sowieso hier im Internat ist.

»Außerdem ist das Sportangebot im Sommercamp echt super. Warte ab, bis wir die erste Wanderung gemacht haben. Oder den Schwimmwettkampf gegen die Frazer-Montgomery-School!«

»Was ist die Frazer-Montgomery-School?«

»Das amerikanische Jungeninternat.«

Jungeninternat? Wenn ich nicht gerade die Nase voll hätte von testosteronverseuchten Homo sapiens, hätte mich die Aussage jetzt noch hier aus meinem Dilemma retten können, aber in Anbetracht meiner Erfahrungen in der jüngsten Vergangenheit verschlimmert es meine Lage geradezu noch.

»Jungeninternat?«, mischt sich Katlen jetzt ein. »Wo genau ist das denn?«

»Na, im Nachbarort. Die Jungs sind echt stark!«, klärt Samira sie auf.

»Aha«, klimpert jetzt auch Katlens nicht von der Seite weichender Schatten Wiebke interessiert mit den Wimpern. »Inwiefern *stark*?«, zieht sie die Lefzen hoch wie Lassie. Hoffe, sie sabbert gleich nicht auch noch.

»Das *Frazer* ist ein Sportinternat. Dort sind die besten Schwimmer, Läufer, Skifahrer. Das wird jedes Jahr ein echt harter Kampf!«

»Hört sich nach echter *Herausforderung* an!«, setzt Katlen sich gerade auf und wirft einen Blick in die Runde, der wie eine Kampfansage wirkt.

»Na, dann werden wir mal sehen, wer den ersten Platz bei dem ›Wettkampf‹ macht!«, stößt Wiebke sie neckend in die Seite.

Samira hat gar nichts kapiert. Die unterschwellige Anspielung ist nämlich eher so ein Duell zwischen Katlen und dem Rest der weiblichen Mannschaft hier. Sie will sich einen Typen angeln. Ganz klar. Dann der Blick in meine Richtung. »Landeier haben hier leider nichts zu melden. Schließlich sind die Ami-Jungs Frauen aus Metropolen gewohnt.«

»Die haben aber ziemliche Ansprüche! Da reicht es nicht, aus einer deutschen Großstadt zu kommen!«, teilt Samira unvermutet aus. Ich bin erstaunt über ihre spontane Retourkutsche, mit der sie Katlen gerade einnordet. Hätte ich ihr gar nicht zugetraut.

»Bei denen ist Sport und Teamgeist angesagt. Einzelkämpfer bleiben auf der Strecke. So ist das!«, fügt sie hinterher.

Der Nachtisch wird serviert. Vanillepudding mit frischen Himbeeren. Ich sterbe mittlerweile vor Hunger und der Reiseführer, in den ich bei meiner Banknachbarin einen Blick werfen konnte, hat keine Restaurant-Infos ausgespuckt. Und Pizzataxis oder Fast-Food-Ketten werden in diese Einöde wahrscheinlich keinen Fuß setzen. Samira hat bereits Hand an mein Dessert-Schälchen angelegt. »Ich gehe mal davon aus, dass du das auch ablehnst!«

»Nix da«, schlage ich ihr auf die Hand und grapsche gierig danach.

»Hast du Lust, morgen vor dem Frühstück 'ne Runde schwimmen zu gehen?«, fragt sie.

»Wann gibt's denn Frühstück?«

»Um acht.«

»Acht???« Ich sehe sie an, als hätte sie mir einen Witz auf Mesopotamisch erzählt. »Vergiss es, ich bin froh, wenn ich es bis fünf vor acht aus dem Bett schaffe. Außerdem … ist das nicht viel zu kalt?«

»Wie man's nimmt. Aber der Pool ist beheizt, also, 24 Grad hat der bestimmt!«

»Lass mal, ganz lieb gemeint, aber ich bin eher so eine

Schönschwimmerin an heißen Tagen, mit Zwischenstopp an der Poolbar und Herumlümmeln auf dem Deckchair!«

»Na, dann hast du dir ja hier genau den richtigen Ort ausgesucht!«, grinst Samira jetzt doch.

»*Ich*«, meine Stimme wird unnatürlich hoch und klingt gereizt, »habe mir diesen Ort hier bestimmt nicht ausgesucht. Du glaubst doch nicht, dass ich freiwillig in dieser Datsche meinen Urlaub verbringen will. Ich bin gezwungen worden! Und eins weiß ich, ich sitze die Zeit hier ab und werde keinen Finger mehr krümmen als nötig. Eigentlich würde ich nämlich jetzt in Florida am Strand sitzen und meinen Geburtstag im *Sharky's* feiern!«

Ich habe gar nicht gemerkt, dass mir mittlerweile der ganze Tisch zuhört. Kopfschüttelnd stehen die meisten auf und räumen ihre Teller und Tassen weg. Ich höre Worte wie *Paris Hilton für Arme, Arrogante Kuh,* und so was Vertrautes wie *Landei.*

Während sich der Speisesaal langsam leert, bleibe ich noch einen Moment sitzen. Wieso kann ich nicht einfach meine Klappe halten? Samira steht ebenfalls auf: »Ich geh noch 'ne Runde joggen!«

Ich folge ihr langsam zu einem Holztisch vor der Küchentür und will mein Geschirr in die Küche reichen, dann beobachte ich, wie Samira den organischen Restmüll in einen Eimer auf dem Boden entsorgt, ihren Teller stapelt und die Getränkereste in einen kleinen Kanister schüttet.

Alcatraz ist eine Lachnummer gegen diesen Laden hier.

Toblerone live

Dank Carlas Ersatz-Bettwäsche habe ich geschlafen wie ein Murmeltier. Besser, tiefer, friedlicher als zu Hause, obwohl es dort genauso ruhig ist. Seltsam. Ob das die Luft hier oben ist? Langsam setze ich mich auf und blicke zu den anderen beiden Betten hinüber. Carla schläft noch und Samiras Bett ist leer. Wahrscheinlich ist sie schon zum Schwimmen. Die ist echt verrückt. Lautlos schleiche ich an Carla vorbei, ich muss ins Bad.

Leise klopfe ich an die Badezimmertür.

»Beseeeetzt!«

»Dauert's noch lange?«, zapple ich unruhig.

»Kommt drauf an!«, ertönt es unfreundlich.

»Was is' das für 'ne Antwort?«

»Wenn du es bist, Landei, dann dauert's noch ewig!«

Der Ton wirkt irgendwie vertraut. Erinnert mich an Mona und Betty und schockt mich daher gar nicht. Aber bevor ich mir in die Hose mache, gehe ich schnell eine Etage tiefer.

»Bonjour!«, sage ich höflich, als ich auf gleicher Höhe mit einem der Mädchen von unserem Tisch gestern Abend bin.

»Tach!«, kommt es unfreundlich zurück und dann

grapschen wir gleichzeitig nach der Klinke der Badezimmertür. »Erste«, triumphiert sie und schlägt mir prompt die Tür vor der Nase zu.

Okay, dann eben noch eine Etage tiefer. So langsam kann ich nicht mehr einhalten. Die Tür ist ebenfalls verschlossen. Klar, es ist Hauptpipimachzeit. Ganz unten sind die Personaltoiletten. Gott sei Dank, eine ist frei. Egal, dass da ein Männchen auf der Tür ist.

Hooooh! Erleichterung macht sich breit und plötzlich stelle ich fest, dass ich barfuß auf einer Fußmatte stehe. Im Herrenklo. Das wird Ekelpickel geben, ganz bestimmt, oder einen fetten Herpes und mindestens zwei Aphten im Mund. Na, toll. Ich könnte Papa jetzt echt würgen. Das muss der sich doch im Prospekt hier alles angeguckt haben. Gut, die Toiletten jetzt nicht, aber diesen Homemade-Cuisine-Fraß, diese anthroposophischen Müllentsorgungs-Rituale nach dem Essen, die spartanische Einrichtung, die Nasszelle am Arsch der Welt … Ich glaube langsam, Papa will mich für irgendwas bestrafen.

»Bonjour!«, begrüßt mich der erstaunte Koch freundlich, als ich aus dem Klo trete. »C'est pour les hommes!«

»Bonjour!«, sage ich schnell und hüpfe in Windeseile wieder nach oben.

Doch plötzlich ruft mich jemand.

»Mademoiselle Bruns!«

»Oui!«

»Je suis Madame Aubry«, begrüßt sie mich und mustert missbilligend mein fast durchsichtiges Nachthemd. »Vous marchez comme ça?«

Was will die von mir? Schulterzuckend starre ich sie an.

»Est-ce que vous avez vu le tableau noir?«

»Pardon?«, frage ich verständnislos.

»Haben Sie einen Blick auf das Schwarze Brett geworfen?«, wiederholt sie die Frage in einer mir verständlichen Sprache.

»Nö! Wieso? Welches Schwarze Brett denn?«

»Wären Sie gestern pünktlich zum Nachtessen gewesen, hätten Sie mitbekommen, dass für heute eine Wanderung angesagt ist. Zum besseren Kennenlernen.«

Ich will hier keinen besser kennenlernen, die sind doch eh alle blöd.

»Des Weiteren hätten Sie erfahren ...«

Boah, ja, ist ja gut, genervt schiele ich auf meine Nasenspitze. Hoffentlich ist die bald fertig mit ihrem Vortrag, sieht die nicht, dass ich friere? Ich halte mich am Geländer fest und steige Stufe für Stufe rückwärts hinauf.

»... dass Ihr Stundenplan individuell für jeden ersichtlich und chronologisch erfasst wird. Sie können also unter B wie Bruns nachschauen, wann Sie Unterricht haben.«

Aha. »Und wo ist dieser Plan?«, frage ich schlotternd.

»Hier unten vor dem Speisesaal!« Sie klopft auf ein Brett, dreht sie sich um und geht zurück in ihr Büro. »Sie sollten sich wärmer anziehen. So ein Babydoll ist nichts für unsere Temperaturen.«

»War ja schließlich auch für Florida gedacht«, entfährt es mir aufmüpfig. »Und nicht für Schweizer Kältekammern«, flüstere ich unhörbar. Halb erfroren gehe ich wieder hinunter. Okay, okay, werfe ich eben einen Blick auf meinen individuellen Stundenplan. Hier steht was von der Wanderung. Super, alles auf Französisch verfasst. Versuche mal, es zu entziffern.

Acht Uhr dreißig bis zwölf Uhr Wanderung zur was? *Alpe des Roses*? Ach so, das ist wahrscheinlich der Name der Almhütte. Dort Picknick. Zwei Uhr Abstieg, und danach Kaffee- und Teezeit.

So, und was steht jetzt noch unter B wie Bruns. A, B … da:

Bruns, Tasha:
Aujourd'hui, 16:30 – 18:00 Uhr Etudes Français.

Das ist Folter.

Beim Gedanken an Mona und Betty in der Hängematte am Strand von Miami wird mir auch nicht wirklich wärmer.

Im Zimmer angekommen, steht Carla mir in einem molligwarmen und bestimmt superkuscheligen Bademantel gegenüber. »Ich geh dann mal ins Bad!«, verkündet sie und wirft sich ein riesiges Badetuch über die Schulter.

Kaum zu glauben. Die beiden Frotteeteile hat Miss Copperfield auch noch aus ihrem Koffer gezaubert.

»Viel Glück!«, wünsche ich ihr nicht ohne einen Touch von Ironie.

Verdutzt sieht sie mich an. »Wieso braucht man da viel Glück?«

»Das ist ein Gemeinschaftsbad und wir sind zwölf Mädchen auf einem Flur.«

»Ja, ja, ich weiß, aber auf der anderen Seite des Ganges ist doch noch ein großes Bad.«

Wieso weiß die mehr als ich? Schließlich ist sie doch gestern Abend gekommen, hat ausgepackt und sich dann schick zum Essen ausführen lassen. Bestätigt allerdings wieder meine Strebertheorie.

Nachdem Carla aus der Tür ist, fällt mein Blick auf ihr bereits gemachtes Bett. Peinlich genau liegen dort bereits eine Wanderhose, ein atmungsaktives T-Shirt, Sonnencreme mit Lichtschutzfaktor 30 (Aufschrift: *voor de berge*), ein Sonnenhut, ein Halstuch und eine Sigg-Flasche. In den Wanderschuhen stecken bereits Wandersocken mit der Bezeichnung L und R. Die kenne ich doch.

Ich gehe näher an die Schuhe heran und greife mir das Paar Socken heraus. Das sind Papas neuste *Sporting-socks*, für rechts und links, ohne Bündchen, aus Mikrofaser … Witzig, das muss ich ihr gleich mal erzählen. Jetzt werd ich aber erst mal nachsehen, was ich anziehe. Okay, die schwarzen Shorts, gut, die sind aufgrund ihrer Stoffknappheit mehr so eine Art Hotpants, besser ich creme mir die Beine dick ein … Aber womit? Mein Blick fällt auf Carlas Tube. Die wird ja wohl nichts dagegen haben. Großzügig verteile ich die Creme auf meinen Beinen, schließlich will ich keinen Sonnenbrand kriegen. So, dann noch dieses Poloshirt hier in Rosa. Das steht mir am besten. Und Socken? Mmh, ich hab nur die Füßlinge, na gut, für die Chucks gehen die schon noch irgendwie. Und das mir, der Tochter eines Sockenfabrikanten. Also, was noch? Mein Käppi von Burberrys, das passt so genial zum Poloshirt, tja, das war's. Geht doch. Gerade als ich mich im Spiegel bewundern will, stelle ich fest, dass in unserem Zimmer gar keiner ist. Ich gehe hinaus in den Flur, da kommt mir Samira entgegengehetzt. Schweißgebadet hält sie sich am Treppengeländer fest und keucht: »Das war so super, so genial. Ich habe das echt vermisst.«

»Du warst echt schon schwimmen?«

»Ja, erst, dann noch eine Runde joggen. Das Wetter ist i-de-al!«

Aha.

»Wo ist denn unsere Zimmergenossin? Habe sie bisher nur schlafend gesehen«, will sie wissen, während sie sich mit dem Ärmel den Schweiß von der Stirn wischt.

»Duschen! – Das solltest du vielleicht auch«, entfährt es mir.

»Logisch«, sie stapft an mir vorbei. »Stell mich hinten an. Ist bestimmt Rushhour im Bad. Warst du auch schon?!«

»Nö, ich war gestern Abend. Gehe nachher, nach der Wanderung!«

»Alles klar!«

»Ich geh schon mal runter, frühstücken!«, verkünde ich und lasse meine Augen auf der Suche nach einem Spiegel durch den Flur schweifen.

»Du solltest dich besser schon zur Wanderung umziehen«, empfiehlt mir Samira hinterherrufend. »Nach dem Frühstück geht es sofort los!«

»Ich bin schon umgezogen! – Bis gleich!«

Der Duft von selbst gebackenem Brot steigt mir in die Nase. Mmhmh, riecht das gut. Wahrscheinlich so politisch korrektes Dinkel-Mehrkorn-Gemisch, egal, ich würg's mir rein, wer weiß, wann es wieder etwas gibt.

Ich bin tatsächlich die Erste im Speisesaal. Wie ferngesteuert gehe ich auf den *Holz*brotkorb zu, der auf dem *Holz*tisch steht und greife mir eine Scheibe heraus, doch gerade als ich mich auf meinen *Holz*stuhl setzen will, wird mein Blick plötzlich von etwas anderem gefesselt. Komisch, dass ist mir gestern gar nicht aufgefallen. Ein Panoramafenster präsentiert mir einen riesigen Ausschnitt der Schweizer Bergwelt. Kleine Wölkchen umkringeln die Spitzen, die aussehen wie Toblerone live. Das ist echt was anderes als unsere Hügel im Sauerland, das sind richtige Giganten, stelle ich überwältigt fest. Beeindruckt von diesem Anblick gehe ich langsam auf das Fenster zu, dabei beiße ich hungrig in das Brot in meiner Hand, das erstaunlicherweise superlecker schmeckt. Meinen Blick kann ich immer noch nicht von der Landschaft vor mir lösen. Seltsam, wundere ich mich, wieso bin ich davon so angetan?

Verena hat sich immer geweigert, Urlaub in den Bergen zu machen, und somit sind wir jedes Jahr quer durch die halbe Welt ans Meer gefahren, bis Papa vor zwei Jahren Verenas Traumdomizil in Miami gekauft hat. Auf einem Trip durch den Stadtteil Coral Gabels hat Verena so lange gejuchzt und gedrängt, bis Papi endlich den Makler kontaktiert hat, der vor der Tür eines schicken Bungalows ein »For Sale«-Schild angebracht hatte.

So, jetzt ruf ich sie an. Ich klemme mir das Handy unters Kinn, nehme mir ein Messer von irgendeinem Teller, schmiere mir etwas Butter auf die restliche Brothälfte und benetze es mit etwas Marmelade. Dann stopfe ich es mir schnell in den Mund, bevor jemand kommt. Göttlich. Mit der Zunge lecke mir die Reste aus den Mundwinkeln. Gut, dass mich keiner sieht. Hinterher meinen die noch, ich bin nichts Besseres gewohnt. Dann halte ich mir das Handy wieder ans Ohr. Immer noch kein Tuten. Halloooo, kann doch nicht sein, das Teil ist tot. Mausetot. Ich checke das Display. Richtig aufgeladen ist es, aber das Zeichen für den Antennen-Status ist wie ausgelöscht. Ich werd irre. Dann nehme ich es halt mit zu der Wanderung, dort oben muss es doch funktionieren.

Seit drei Stunden latschen wir jetzt schon hier rum und die Berge sehen mittlerweile gar nicht mehr so beeindruckend aus. Mein Handy funktioniert hier oben keine Spur. Alle paar Meter drücke ich die Wahlwiederholungstaste. Langsam kriege ich Schwielen am Daumen und nicht nur da. Meine Füßlinge sitzen nämlich auch total lose in den Chucks und ständig muss ich anhalten, um sie wieder in Position zu bringen. Wahrscheinlich gibt das bestialische Blasen. Carla, Samira und die anderen sind bereits seit einer Stunde außer Sichtweite, nur die Amerikanerinnen quälen sich gemeinsam mit mir den Berg hinauf. Ihre Ausrüstung ist zwar perfekt, im Gegensatz zu meinem Outfit sind sie hautbedeckend bekleidet, aber ich habe schließlich schon die erste leichte Bräune an den Beinen und Armen zu verzeichnen. Die drei Schwestern ackern sich die Hügel rauf und alle paar Meter zücken sie aus ihrem Rucksack irgendwelche Müsliriegel und Powerdrinks. Abnehmen wäre sinnvoller gewesen, die haben ganz schöne Popöchen. Scheint genetisch bedingt zu sein, denn von hinten sehen die wie geklont aus. Wieso von hinten? Oh Gott, oh Gott, jetzt haben die mich auch schon überholt. Na super.

Stunden später kehren wir auf der Hütte ein. Während die anderen bereits schon entspannt in den Wiesen liegen oder ihren Verdauungsespresso trinken, den gibt's hier oben wirklich, erfasst mein gieriger Blick soeben eine ordentlich aussehende Portion Pasta, die eine der Amerikanerinnen vor mir ordert.

»Qu'est-ce que vous-voulez?«, fragt mich eine Stimme und ich starre immer noch auf die Pasta.

»Je voudrais auch so was!«, sage ich wortgewandt. Zur besseren Verständigung bediene ich mich bei den Almöhis jetzt vielleicht doch noch besser der nonverbalen Kommunikation. Wie eine Flugbegleiterin auf die Notausgänge deute ich mit ausgestreckten Zeigefingern auf die Teller, dann auf die Pasta und zuletzt auf mich.

»Hallo, Tasha!«, kommt es freundlich zurück.

Erstaunt stelle ich mich auf die Zehenspitzen und lasse ein debil klingendes »Hä?« verlauten.

»Ich bin's, Franziska, die aus der zweiten Klasse«, zwinkert mir das Mädchen hinter der Theke lachend zu.

»Franziska! Mensch, dich hätte ich jetzt gar nicht hier oben erwartet und dann mit dieser Duschhaube auf dem Kopf, da kann man dich ja auch nicht erkennen!«

Sie grinst und fasst sich an die Kopfbedeckung. »Die muss ich hier tragen. Hygienevorschriften und so! – Pasta also. Gute Wahl!« Sie haut mir einen extra Schlag Rigatoni auf den Teller.

»Das ist ja ein Ding, dass wir uns hier wiedertreffen!«, sage ich immer noch ungläubig.

»Ja, das finde ich auch. Was machst du denn hier oben? Bist du mit der Gondel raufgefahren?«, fragt sie mit einem Blick auf mein Amateur-Outfit.

»Nein, gewandert!«, entgegne ich nicht ohne Stolz.

Erstaunt reicht sie mir den Teller. »Hätte ich jetzt nicht gedacht, dass du so was freiwillig machst!«

Irgendwie trifft mich ihre Aussage und dennoch füge ich wahrheitsgetreu an, dass man mich auch tatsächlich mehr oder weniger dazu gezwungen hat.

Hinter mir räuspert sich jemand.

»Du, 'tschuldige bitte, Tasha, aber ich muss weiterbedienen.«

»Klar!« Enttäuscht schiebe ich mit meinem Teller ab, dann drehe ich mich noch einmal um. »Hast du nicht Lust, heute Abend was zu unternehmen?«

»Gerne!«, strahlt sie. »Um acht im *Cactus*?«

»Naturellement!«, sage ich superfranzösisch und freue mich riesig.

Mit meinem Rigatoni bewaffnet trete ich hinaus, um mir ein ruhiges Plätzchen zu suchen, da sehe ich Katlen plötzlich winken. Mich kann die nicht meinen, drehe ich mich erstaunt suchend um.

»Tasha, komm doch zu uns!«, ruft sie jetzt zuckersüß.

Die dünne Luft hier oben scheint ihr nicht zu bekommen, wahrscheinlich werden ihre Synapsen nicht mehr mit Sauerstoff versorgt.

Vorsichtig nähere ich mich dem Clübchen, das sich um Katlen schart.

»Ist das nicht toll hier oben?«, fragt sie mit lieblicher Stimme.

Was will die?

»Ja, nett. Ich hab aber Hunger, am besten ich setze mich dort drüben auf die Bank!«, wende ich mich wieder ab.

»Ach, komm schon, hock dich zu uns. So schlimm sind wir gar nicht.« Sie deutet auf einen Platz neben sich.

Okayyyyy, dann bin ich mal nicht so. Beim Hinsetzen bin ich so mit dem Jonglieren meines Tellers beschäftigt, dass ich den riesigen Kuhfladen unter mir nicht sehe. Es macht ein sattes Mmmmpfff, und ich spüre, wie die Pampe durch die Ritzen meiner Hotpants quillt.

»Scheiße«, springe ich auf und die Nudeln rutschen mir vom Teller.

»Genau«, sagt Katlen fachmännisch, »Kuhscheiße!«

Ich schwöre beim Leben von Verena, der zahle ich's heim.

Das Gelächter verfolgt mich noch beim Abstieg. An der nächsten Biegung ertrage ich es nicht mehr und schalte den Turbo ein. Trotz Chucks und Schwielen stiefle ich die Felsen geschickt wie eine Bergziege hinunter.

Da ich als Erste im Internat bin, schleiche ich mich unbemerkt in Katlens Zimmer. Sie schläft ganz hinten am Fenster, ich erkenne es an ihrem Schlafanzug. Nachdenklich setze ich mich auf ihr Bett. Dann nehme ich ihre Schminktasche vom Nachttisch und wühle darin herum. Vielleicht fällt mir ja hier etwas Fieses ein? Ich könnte ihr zum Beispiel eine Stinkbombe unter das Parfüm mischen oder Juckpulver in die Tagescreme träufeln. Neugierig drehe ich ihren Lippenstift auf. Wetten, der ist spitz?

Mir bleibt der Mund offen stehen. Spitzer kann ein Lippenstift gar nicht sein. Damit kann man jemanden aufspießen. Unglaublich. Dieser Artikel hatte es echt in sich. Da hieß es doch, dass die Besitzerin Haare auf den Zähnen hat. Katlens sind so lang, aus denen könnte man Zöpfe flechten. Was stand da noch? Nachdenklich drehe ich den Stift wieder zu. Irgendwas von manipulierend. Genau! Und dann noch: Wenn sie ihren Willen nicht bekommt, ist sie unbeherrscht und jähzornig. Dann heißt es aufpassen! – Pah, die soll ab jetzt mal schön aufpassen. Als ich unten plötzlich die Stimmen der Rückkehrer höre, springe ich schnell vom Bett hoch, stelle die Schminktasche wieder hin und schleiche auf Zehenspitzen zur Tür. Dort drehe ich mich noch einmal um. Auf dem Bett sehe ich plötzlich einen riesigen braunen Abdruck meines Allerwertesten. Hihi, Kuhfladen lässt grüßen. Mir doch egal, was die denkt, wie der dort hingekommen ist.

Das *Cactus* ist der einzige Treffpunkt für Jugendliche im Dorf und eine erstaunlich nette Pizzeria, stelle ich abends fest, als ich dort auf Franziska warte. An der Theke stehen die Jungs, die im Winter als Skilehrer den Mädels den Kopf verdrehen und im Sommer halsbrecherisch den Wildbach runterrauschen, vermute ich. Auf ihren T-Shirts sind Aufdrucke wie *Ski – Iver* oder *Rafting – Été* und bei einem besonders drolligen Kerlchen steht noch ein Zusatz drauf: *Sex – Toujours*. Und genau dieses Exemplar hängt grad telefonierend am Handy und glotzt mich dabei unverhohlen an. Normalerweise genieße ich das sogar, also nicht das Anglotzen, sondern das, na ja, sagen wir mal, Anhimmeln. Aber im Moment ist es mir eher lästig und unangenehm. Hoffentlich taucht Franziska jetzt bald auf.

Unsicher nuckle ich an meiner Apfelschorle. Aus den Augenwinkel sehe ich, dass Mister Sex-Shirt zielstrebig auf mich zusteuert. Ich krame in meiner Handtasche herum, damit er rafft, dass ich keinen Bock auf ihn habe. Mein Bedarf an Konversation ist für heute eh gedeckt. Schließlich habe ich die letzten eineinhalb Stunden genug gelabert. Französisch-Nachhilfekurs! Der hat mir und meiner Lehrerin, Madame Aubry, ziemlich schnell klargemacht, dass ich diese Sprache nicht mal ansatzweise verinnerlicht habe. »Beaucoup de travail, beaucoup de travail!«, hat sie immer wieder betont. Weiß ich doch selber.

»Salut, bist du Tasha?«

Wieso kennt der meinen Namen? Automatisch gehe ich in Abwehrposition. »Wer will das wissen?!«, sage ich unwirsch.

»Niemand!«, reagiert er gelassen. »Außer vielleicht meine Cousine Franziska, die mit dir hier verabredet ist. Sie lässt dir ausrichten, dass sie sich um Viertelstunde verspätet. Du sollst aber unbedingt warten.«

»Okay!«

Er hat sich bereits umgedreht.

»Ähem, danke!«, nuschle ich ihm noch hinterher.

Dann weiß ich nichts mehr mit mir anzufangen. Ich hasse es, alleine in einem Restaurant zu sitzen, dann habe ich immer das Gefühl, dass mich jeder anstarrt. Verzweifelt sehe ich mich nach irgendwelchen Zeitschriften um. Fehlanzeige. Dann untersuche ich die Tischsets, pule ein wenig an der Kerze herum und zu guter Letzt falte ich die Serviette neu. Bierdeckel stapeln wäre jetzt die nächste Alternative gewesen, doch glücklicherweise erscheint Franziska in der Tür.

»'tschuldige bitte!«, hechelt sie völlig außer Puste. »Aber die haben mich da oben nicht weggelassen. Wegen des tollen Wetters heute war so ein Riesen-Ansturm und dann musste ich noch beim Spülen helfen!«

»Haben die da oben keine Spülmaschine?«, frage ich ungläubig.

»Nee«, lacht Franziska, »wo denkst du hin, das ist eine Alm. Wir sind froh, dass sie überhaupt Wasseranschluss hat.«

»Wie vorsintflutlich«, schüttle ich verständnislos den Kopf.

»Na ja, wie man's nimmt. Muss doch nicht immer alles durch Maschinen und Computer ersetzt werden. Es hat so was Ursprüngliches, Echtes. Ich mag das!«

Aha.

»Na ja, ich würde wahrscheinlich jede Maschine im Haushalt haben, die mir nur irgendwie die Arbeit erleichtert. Schon die Vorstellung alleine, meine Zeit mit Kochen zu verplempern ... nee, das ist wirklich nichts für mich!«

»Witzig. Denn ich liebe es, zu kochen. Da kann man so schön kreativ sein und es ist doch auch toll, wenn andere das genießen, was ich koche. Ich probiere gerne neue Rezepte aus. Neulich zum Beispiel habe ich Ravioli selbst gemacht, mit Bärlauch und ...«

Plötzlich muss ich laut losprusten. »Hör auf, hör auf, gleich reden wir noch über Krankheiten. Wir hören uns ja an wie zwei Hausfrauen, die Rezepte austauschen!«, kichere ich.

Franziska zieht die Augenbrauen hoch: »Und, was ist daran so schlimm? Ist dir schon mal aufgefallen, dass die TV-Sender voll mit Kochsendungen sind?«

»Das kann doch nicht ernsthaft irgendein Mensch gucken?!«, rümpfe ich die Nase.

»Schon mal was von Angebot und Nachfrage gehört? Da gibt's genug Zuschauer, davon kannst du ausgehen. Sagt dir Tim Mälzer was?«

Ich schüttle verneinend den Kopf.

»Aber doch wohl Jamie Oliver?«

»Nöö, auch nicht!«

Nach ihrem Gesichtsausdruck zu urteilen, glaubt sie, dass ich von einem anderen Stern bin. Oder einfach nur … ein Landei, das von nichts eine Ahnung hat.

»Aber ich war letzte Woche in München in der *Celebrity Lounge* die gehört einem Drei-Sterne-Koch«, triumphiere ich und bin froh, dass ich meinen Senf doch noch hinzugeben kann. Schließlich kann ich mich ja nicht so vorführen lassen.

»Das kenne ich. Ich stand mal davor und habe die Speisekarte auswendig gelernt: Trüffelrisotto mit Austernpilzen an Balsamicojus«, schmatzt sie demonstrativ.

»Das hatte mein Vater letztes Mal«, juble ich so begeistert über diese Gemeinsamkeit, als hätten wir die gleiche Urgroßmutter. »Papa hat in dem Haus gegenüber eine Wohnung und wir fliegen öfter zum Shoppen nach München.«

Franziska bestellt sich eine Ovomaltine. »Zum Shoppen nach München? Fliegen? Da kann man doch mit der Bahn hin.«

»Ich hasse Bahnfahren, wie du ja weißt!«

»Ja schon, aber ich meine wegen des CO_2-Ausstoßes.«

»Na ja, klar, haben wir schon ein schlechtes Gewissen.« Das ist geradewegs gelogen. Ich habe mir nämlich ehrlich gesagt noch nie darüber Gedanken gemacht.

»Meine Mutter hat ihren Wagen letztes Jahr verkauft!«

Jetzt muss ich lachen. »Verena würde einen Koller kriegen, wenn sie zwei Minuten an der Bushaltestelle warten müsste und mein Vater, der fährt gerne so Rennwagen, weißt du. Er hat sich im letzten Jahr einen Maserati gekauft.«

»Kenn ich nicht!«

Kennt sie nicht. Gut, ich kenne ja auch keinen Tim Schmälzer. Sind wir also quitt.

»Sag mal, hat mein Cousin dir eigentlich Bescheid gesagt?« Sie verrenkt den Kopf, um nach ihm Ausschau zu halten.

»Ja, hat er. Vorhin stand er noch an der Theke!«, deute ich zur Bar.

»Schade, dann sind sie bestimmt schon weg!«

»Ist er Skilehrer?«

»Ja, auch!«

Bingo!

»Nebenberuflich ist er Student und hauptberuflich Sohn!«

»Gibt's das?« Dann verschlucke ich mich, als ich ihren wissenden Blick deute. Klar, die glaubt, ich wäre von Beruf Tochter. Dabei … Ja, was? Dabei bin ich das ja auch. Bisher habe ich noch nicht wirklich was auf die Beine gebracht. Na ja, gut, eines Tages werde ich Papas Betrieb übernehmen, das wird schon anstrengend genug. Was spricht also dagegen, sich vorher noch etwas auszuruhen und das Leben zu genießen? Verena meint, ich solle mir einen Mann mit BWL-Studium suchen, der könne sich dann um das Geschäftliche kümmern und ich hätte immer noch genug Zeit, um mit ihr etwas zu unternehmen. Verena und ihre Pläne …

»Was machst du eigentlich hier?«, will ich von ihr wissen.

»Ferienjob. Ich arbeite jeden Sommer oben auf der Alm. Verdiene mir dort Geld für mein Studium!«

»Was studierst du denn?«, frage ich sie verwundert, weil ich dachte, dass sie so alt ist wie ich.

»Noch nichts. Aber nächstes Jahr mache ich mein Abi und dann will ich Oecotrophologie studieren.«

Aha.

»Und das Geld, das ich in den Winter- und Sommerferien hier verdiene, lege ich dafür zur Seite.«

Mein Handy klingelt. »Sorry«, ich winke mit der einen Hand ab und drehe mich zur Seite. »Verena, endlich. Wie geht es euch? Warum meldest du dich jetzt erst?«

»Wieso ›jetzt erst‹? Ich versuche schon seit heute Morgen dich zu erreichen. Hast du deine Mailbox nicht gecheckt?«

»Doch!«, sage ich erstaunt. »Sogar ein paar Mal! Sprich doch mal lauter, der Empfang ist so schlecht!«, bitte ich sie lautstark und merke, wie sich einige zu mir umdrehen. »Und, was macht Miami?«

»Hier ist alles bestens. Wir sind gut angekommen. Das Haus ist tiptop gereinigt. Mona und Betty sind am Pool.

Und Papi sprengt schon seit Stunden den Rasen. Seine Lieblingsbeschäftigung.«

»Ist das nicht eine ziemliche Wasserverschwendung?«, frage ich und bin über mein neues Umweltbewusstsein genauso erstaunt wie Verena.

»Seit wann machst du dir Gedanken über so was? Wahrscheinlich die ersten Auswirkungen der Schweizer Lehranstalten!«, lacht sie.

»Kann schon sein!«, muss ich jetzt auch grinsen.

»Geht's dir gut?«, fragt sie mich.

»Nein, aber ich komm schon durch. Ändern kann ich ja eh nichts. Du glaubst doch nicht, dass Papi mich ausfliegen und zu euch nach Miami kommen lässt. Ist schon okay, ehrlich, Verena.«

»Küsschen. Und, melde dich bitte, sooft es geht, damit ich weiß, dass es dir gut geht«, klingt Verena ganz besorgt.

»Küsschen. Klar, Verena, mach ich!«, verspreche ich hoch und heilig. Dann starre ich auf mein Handy. »Habe hier kaum Netz!«

»Wundert mich sowieso, dass du angerufen werden konntest. Normalerweise hat man hier oben in den meisten Häusern keinen Empfang«, klärt Franziska mich auf. »Du bist in dem Internat, oder?«, will sie dann wissen.

»Mmh, genau. Zwangseingewiesen sozusagen!«

»Wieso, was heißt das?«

»Na ja, stehe vor der Nachprüfung und anstatt nach Miami zu fliegen, hat mein Vater mich hierhergeschickt. Kriege individuelle Nachhilfe in Franz. Täglich!«

»Mensch, sei froh. Hängen bleiben ist doch viel mieser. Du solltest die Chance echt nutzen. Außerdem ist der Ort doch total schön. Ich bin schon als Kind immer hier hergekommen. Meine Tante hat einen Schweizer geheiratet und zwei Jungs bekommen. Einen hast du ja schon kennengelernt.«

»Ach ja, der Sohn, der sich vergnügt, während du ackerst. Findest du das nicht ungerecht?«

Franziska wirft lachend den Kopf in den Nacken. »Warum ungerecht? So ist das Leben. Nee, ehrlich, das macht mir nichts aus. Ich lerne ja auch viel dabei und es ist ein tolles Gefühl, selbst verdientes Geld in den Händen zu halten.«

»Ach ja?« Ein bisschen zweifle ich die Aussage an. Vielleicht sagt sie das ja nur, um sich den Job auf der Alm etwas schönzureden. Na ja, egal. Ich finde sie auf jeden Fall richtig nett und es macht Spaß, mit ihr zu reden.

»Sag mal, was ist eigentlich Oecotrophologie?«

Ihre Augen strahlen. »Oecotrophologie kommt aus dem Griechischen: *Oikos* steht für Haus, Haushalt und *tropheia* für Nahrung und Lebensunterhalt.«

Aha.

»Und, was kann man da alles mit machen?«

»Och, da gibt es ganz viele verschiedene Bereiche.«

»Was denn für welche? Ich habe da nämlich überhaupt keinen blassen Schimmer von«, sage ich ehrlich.

»Zum Beispiel Organisation und Bereitstellung von Verpflegung, oder Verbesserung der betrieblichen und privaten Gesundheitsvorsorge, oder auch die fachliche Begleitung von Therapie und Rehabilitation in Zusammenarbeit mit multiprofessionellen Teams ...« Sie macht eine ausladende Handbewegung. »Ach, da gibt es tausend

Möglichkeiten. Ich möchte mich zum Beispiel auf die Hilfestellung zur ausgewogenen Ernährung bei Gesundheit, Krankheit oder etwa bei starker sportlicher Belastung spezialisieren.«

»Kann man damit Geld verdienen?«, hake ich kritisch nach und spüre richtig, dass ich dabei nicht nur Verenas Tonfall getroffen habe, sondern auch noch ihren Gesichtsausdruck übernehme.

Erstaunt heben sich ihre Augenbrauen. »Ja, schon, aber ist das das Wichtigste?«

Unschlüssig zucke ich mit den Schultern. »Sollen wir uns für morgen wieder verabreden?«, schlage ich dann vor.

»Morgen geht leider nicht, da hat sich eine holländische Wandergruppe angekündigt, aber Samstag habe ich frei. Wir könnten zum Lac Lessoc gehen, wenn du Lust hast!«

»Gerne! Sag mal, wie spät ist es eigentlich?« Ich bin grad zu faul, um selber auf die Uhr zu gucken.

»Zehn vor elf!«

»Au, Mist, um elf Uhr schließen die die Vordertür ab!« Hektisch greife ich nach meiner Tasche. »Holst du mich ab?«, rufe ich im Hinausstürmen.

»Gegen zehn?!«

»Ja, zehn Uhr ist super. Samstag haben wir zur freien Verfügung! Und dann kann ich noch ein bisschen ausschlafen.«

Pyjamaparty

Puh, Gott sei Dank, gerade noch geschafft. Und die Letzte bin ich auch nicht. Katlen und Wiebke trudeln nach mir ein. Sie fangen an zu tuscheln, als sie mich sehen. Ignorieren ist die beste Verteidigungsstrategie!

Oben auf den Fluren ist es ganz still. Kann doch nicht sein, dass die alle schon schlafen? Plötzlich kommt eine der Amerikanerinnen aus ihrem Zimmer und kichert albern. In der Hand hält sie eine Plastiktüte. Sie zieht an mir vorbei und hält vor dem Zimmer gegenüber des Badezimmers, dann läuft sie zum Treppengeländer, stellt sich auf die Zehenspitzen und lauscht, als sie nichts hört, winkt sie mich heran.

»We are making a pajamaparty. Wanna come?«

»Yes, why not!«, sage ich zögernd und frage mich, ob mich auch sonst noch jemand eingeladen hätte. Aber wahrscheinlich liegt ein Zettel von Carla und Samira auf dem Bett.

»But it's a B-Y-O-party!«

»A what?«

»A bring-your-own-party!«

»Ahh, okay.«

In meinem Zimmer zermartere ich mir den Kopf, was

ich mitbringen könnte. Ich war doch noch nicht mal einkaufen, seit ich hier bin. Blöd, aber ich kann gar nichts beisteuern. Dann fällt mir auf, dass weder auf meinem Bett noch sonst nirgendwo ein Zettel mit dem Hinweis »Pyjamaparty« liegt. Haben sie bestimmt vergessen! Oder das ist hier schon wie in Bödefeld: Alle dürfen kommen, nur ich nicht.

Langsam streife ich mir die Klamotten vom Körper, werfe mein Babydoll über und schlüpfe in Papas neuste Stoppersocken-Kreation. Leise öffne ich die Tür und sehe nach, ob die Luft rein ist, dann schleiche ich durch den Flur und bleibe vor der Zimmertür stehen. Klopft man jetzt leise? Geht man einfach rein? Wie haben Hanni und Nanni das eigentlich noch mal gemacht? Bevor ich weiter drüber nachdenken kann, schießt eine Faust an mir vorbei und gibt Klopfzeichen. Die Faust gehört Katlen. Sie und Wiebke stehen hinter mir im Nachtdress und jede von ihnen ist mit einer Flasche Wein bewaffnet. Alkohol, aha! Also, so viel Meuterei hätte ich den beiden jetzt nicht unbedingt zugetraut.

»Und, Landei, was bringst du mit?«, reckt Katlen ihr Kinn angriffslustig in meine Richtung.

»Ich? Gar nix. Bin noch nicht zum Einkaufen gekommen!«

»Thhh, schwingt große Reden mit Wohnung hier und Haus dort und ist zu geizig, was zu trinken mitzubringen!«, tut Wiebke verächtlich kund.

Dünnhäutig stelle ich fest, dass ich nicht so wirklich gegen diese Unter-die-Gürtellinie-Statements gefeit bin. Vielleicht liegt es daran, dass ich nach solchen Angriffen immer schnell Verena anrufe, die dann alles wieder bagatellisiert. Aber jetzt ist sie nicht da. Und die anderen Mädels hier gehen mit schärferen Ansprachen auch irgendwie professioneller um, habe ich schon festgestellt. Dabei sind wir alle im selben Alter. Komisch, irgendwie bin ich den Umgang mit Gleichaltrigen gar nicht so richtig gewohnt. Vielleicht – nachdenklich kratze ich mich an der Stirn – hat Papa doch recht gehabt. Mama und ich glucken wir siamesische Zwillinge zusammen.

Die Tür geht auf.

Ein Mädchen, deren Namen ich gar nicht kenne, steckt ihren Kopf raus, sieht sich um und zerrt uns schnell zur Tür herein, die sie dann sofort wieder schließt.

»Wieso habt ihr *Princess* denn mitgebracht?«, fragt eine mit österreichischem Akzent.

»Haben wir ja gar nicht!«, verteidigt sich Katlen, »die ist uns zugelaufen!«

Ein genervtes Raunen geht durch den Raum.

Aha, Princess. Das kann ja nur ich sein. Bin vom Landei in den Adelsstand erhoben worden.

Samira rückt etwas zur Seite und sagt: »Komm, Tasha, setz dich neben mich!« Dann erhebt sie ihr Glas und sagt: »Auf die nächsten sechs Wochen und auf eine tolle Zeit!«

Carla hockt neben mir. Man sieht ihr an der Nasenspitze an, wie unwohl sie sich fühlt. Als sie von ihrer Nachbarin genötigt wird, mit ihr anzustoßen, schwappt ihr versehentlich etwas Rotwein auf die weiße Pyjamajacke.

»Hat jemand etwas Salz?«

Tatsächlich reicht ihr die Gastgeberin einen Salzstreuer,

dessen Inhalt sich Carla komplett über den Fleck schüttet.

Eines der amerikanischen Mädchen kriegt plötzlich einen Lachkrampf, sie geht zur Tür und liest die Hausordnung vor.

»Alcohol is strictly forbidden. Students drinking alcohol will be sent back home immediately!«

»Huuuuuuuuuuuuuuh!« Einige tun erschreckt und fallen dann in ihr hysterisches Gelächter ein.

»Thhh, als wenn die eine von uns wieder zurückschicken würden«, sagt Katlen cool und bringt mich auf eine prima Idee.

Das ist es doch. Das ist die Lösung, schießt es mir plötzlich durch den Kopf. Wenn mich jemand erwischt, dann fliege ich ... hihi, am besten nonstop nach Florida. Doch je länger der Plan durch meine Gehirnwindungen wabert, umso mehr wird mir klar, dass das wohl doch keine so gute Idee ist. Glaube kaum, dass Papa mich aufnehmen würde, der würde mich eher ins Jugendlager nach Mecklenburg-Vorpommern schicken.

»Hier«, Samira drückt mir ihr Glas in die Hand.

»Danke!«

Katlen erhebt ihr Glas und die anderen tun es ihr nach. So langsam kristallisiert sie sich hier als Anführerin heraus, stelle ich alarmiert fest. Na, Prost Mahlzeit, dann werden ja bald wohl alle gegen mich sein.

Krampfhaft umklammere ich das Glas.

Während sich alle durcheinander in drei verschiedenen Sprachen unterhalten, klinke ich mich so langsam aus. Wie durch einen Nebel beobachte ich die Mädchen. Sie haben richtig Spaß, sie lachen und reden über Jungs, wollen wissen, welche Hobbys die anderen haben, sind interessiert aneinander, tauschen Schminktipps aus und reden über Dessous und Mode. Mode, okay, dass ist mein Stichwort. Hier kenne ich mich schließlich am besten aus. »Habt ihr schon die neuen Hipsters von *Victoria's Secret*? Die sind noch heißer als die Brazilian Panties!«

»Wie soll das gehen? Die gibt's doch in Europa gar nicht!«, schüttelt ein Mädchen verneinend den Kopf.

»Ich weiß, deshalb kaufe ich mir immer einen Vorrat in Miami! In der Nähe von unserem Haus dort ist ein VS-Store. Meine Familie ist gerade drüben, wenn jemand was braucht, kann ich meiner Mutter gerne eine Bestellung schicken«, biete ich, wie ich finde, großzügig an.

Ein Augenrollen, ein erneutes Aufstöhnen. Was war denn jetzt wieder falsch?

Die Amerikanerin hat nur *Victoria's Secret* verstanden, schon öffnet sie ihr Pyjama-Oberteil und der *Miracle Bra* kommt zum Vorschein.

»Cool!«, raunt Katlen.

Klar, bei anderen ist alles cool, bei mir nur nervig, denke ich beleidigt. Ich habe keinen Bock mehr. Wortlos überreiche ich Samira das Glas, meine Beine zittern richtig, als ich über die anderen hinwegsteige. Eine seltsame Stille liegt im Raum, eine Stille, die darauf wartet, durchbrochen zu werden, sobald ich zur Tür hinaus bin.

Zack. Die Tür ist zu. Und genau das passiert, was ich erwartet habe: Wie die Hornissen zischen die Worte der Mädchen durch das Zimmer. Und immer wieder höre ich *Princess*. Meinen neuen Spitznamen.

Plötzlich kommt mir Madame Aubry entgegen.

»Wo kommen Sie denn her, Mademoiselle Bruns?«

»Ach, moi, äh, also, ich wollte eben nur zur Toilette.«

»Aber das Bad ist doch in der ganz anderen Richtung!«

»Ach ja, blöd. Ich bin total nachtblind. So im Dunkeln habe ich gerade völlig die Orientierung verloren.«

An der Hand haltend führt mich Madame Aubry zum Badezimmer.

»Aber seien Sie leise, die anderen schlafen schon alle!«

»Ja, mach ich!«, flüstere ich.

Nachdem sie die Treppen wieder hinuntergestiegen ist, gehe ich eilig in mein Zimmer. Doch anstatt mich hinzulegen, suche ich meinen iPod aus der Handtasche und lasse mich berieseln. Ich lausche auf Marla Glenn, setze mich auf die Fensterbank und starre in die Dunkelheit der Schweizer Nacht. Der Himmel ist ganz klar und die Luft kühl. Im Dunkeln ist die Silhouette des Gebirges zu erkennen. Selbst jetzt sieht sie gigantisch aus. Kleine Lichter sitzen wie Glühwürmchen auf den Bergen und ich frage mich, was die Menschen jetzt da oben machen. Wahrscheinlich haben die dort oben in ihren Hütten gar keinen Fernseher, geschweige denn einen DVD- oder MP3-Player.

Regungslos bleibe ich sitzen. Ich weiß nicht wie lange. Die Musik ist schon längst zu Ende. Bibbernd ziehe ich mir die Decke von meinem Bett und wickle mich darin ein.

Ein Lichtstrahl fällt durch die Tür. Carla und Samira kommen rein.

»Hey, du bist ja noch wach!« Carlas Stimme klingt supersanft und ich spüre, dass ihr das Verhalten von Katlen und den anderen von vorhin leidtut.

»Mhm!«, sage ich etwas verschnupft, weil sie vor den Mädchen vorhin nichts gesagt haben.

»Hast du die Aubry gesehen?«, will Samira besorgt wissen.

»Ja, hab ich. Aber sie dachte, dass alle friedlich im Bett liegen und schlafen!«

»Danke, dass du uns nicht verpetzt hast«, sagt sie daraufhin erleichtert.

Das gibt mir den Rest. »Ich mag arrogant und großkotzig in euren Augen sein, aber petzen würde ich nie im Leben, dass ist ja wohl das Allerletzte!«

Getroffen steige ich von der Fensterbank und ziehe mir die Decke über Kopf.

»'tschuldige«, murmelt Samira schuldbewusst, »war ja nicht so gemeint!«

»Doch!«, zische ich beleidigt.

Am nächsten Morgen herrscht beim Frühstück eine richtig aufgekratzte heitere Stimmung und man hat den Anschein, die Mädchen sind sich gestern auf irgendeine seltsame Weise nähergekommen. Schließlich waren sie sich bis vor ein paar Tagen ja noch völlig fremd und jetzt tun sie so verbündet und vertraut. Durch diese Tatsache fühle ich mich noch mehr wie ein Außenseiter und ziehe mich immer mehr zurück. Selbst mit Carla und Samira spreche ich nur noch das Nötigste. Schließlich hat sich keine von ihnen gestern Abend für mich eingesetzt. Warum sollten sie auch? Die Tatsache, dass wir Zimmergenossinnen sind, heißt ja noch nicht, dass wir auch Freundinnen sind. Und außerdem, was heißt das überhaupt: Freundinnen? Ich brauche mir doch nur diese kranke Beziehung zwischen Katlen und Wiebke anzugucken. Diese Wiebke besitzt doch überhaupt kein Rückgrat. Sie imitiert Katlen doch nur eins zu eins. Die hat doch schon gar keine eigene Meinung mehr.

Unbemerkt verdrücke ich mich aus dem Frühstücksraum und gehe zum Schwarzen Brett, um nachzusehen, wie mein Stundenplan für heute aussieht.

»*Princess* tritt den Rückzug an. Hat wohl gemerkt, dass keine von uns auf ihr blödes Imponiergehabe steht!«

Dummes Gekicher folgt.

Na, toll. Selbst wenn man nichts sagt und sich zurückzieht, ist man Zielscheibe. Ich muss mir echt ein dickeres Fell zulegen, wenn ich das hier noch knapp sechs Wochen aushalten will. Angestrengt starre ich auf den Plan, als die Ersten den Frühstücksraum verlassen und an mir vorbeiströmen.

Samira bleibt neben mir stehen und tippt mit dem Zeigefinger auf das Bett.

»Schon gesehen? Ab morgen ist jeden Tag Schwimmtraining für den Wettkampf gegen die Frazer-Montgomery-School!«

»Na super!«, kommentiere ich ihre Eröffnung gelangweilt. »Dann viel Spaß!« Damit drehe ich mich um zum Gehen.

»Wieso, was meinst du damit?«

»Na ja, du wirst doch bestimmt mitmachen bei dem Wettkampf und deshalb wünsche ich dir viel Spaß!«

»Das habe ich schon kapiert, aber ich glaube, du weißt nicht, dass das Schwimmtraining und der Wettkampf für alle Schülerinnen obligatorisch sind.«

Ich tippe mir an die Stirn. »Die können mich doch nicht dazu zwingen, so einen albernen Wettkampf mitzumachen.«

Kopfschüttelnd bleibt Samira vor mir stehen. »Du hast das Infoblatt ja echt überhaupt nicht gelesen, was? Vielleicht solltest du das mal nachholen.« Sie geht in das Sekretariat, kommt nach zwei Sekunden wieder raus und drückt mir einen Computerausdruck in die Hand. »Da, lies das mal in Ruhe. Ich hab dir die deutsche Übersetzung gebracht.«

»Danke!«, murmle ich und drehe mich um, um zum Nachhilfeunterricht zu gehen. Habe nämlich schon fünf Minuten Verspätung. Na ja, besser als letztes Mal, da war es eine Viertelstunde. Madame Aubry wird sich also freuen.

»Bonjour … Schön, dass Sie auch schon da sind!«, empfängt sie mich mit verkniffenem Mund.

Ich sag's doch, sie freut sich.

»Où est votre …«

Hochkonzentriert starre ich sie an und bin bereit ihr zu folgen.

»Ach was, ich erkläre es Ihnen besser auf Deutsch, damit Sie begreifen, was ich will. Wo ist denn Ihr Heft mit den Hausaufgaben? Dann kann ich die schon mal überprüfen, während Sie mit den Übungsaufgaben hier beginnen.«

»Ähhhh, welche Hausaufgaben?«, frage ich begriffsstutzig und versuche mich an den Auftrag zu erinnern.

»Mademoiselle Bruns, das ist jetzt nicht Ihr Ernst. Sagen Sie mir nicht, dass Sie die Aufgaben nicht erledigt haben, sagen Sie mir nicht, dass das, was ich für heute vorbereitet habe, umsonst ist. Und«, ihre Stimme wird immer schriller, »sagen Sie mir nicht, dass das alles nicht in Ihr hübsches Köpfchen passt. Solche Schülerinnen wie Sie kenne ich zu Genüge, glauben Sie mir. Lassen Papi die Zeit hier bezahlen, verweigern sich dann und hoffen, dass wir ihnen am Ende ein gutes Zertifikat ausstellen. Schließlich hat Papi ja gelöhnt. Gut – bis hierher scheinen Sie ja alles verstanden zu haben.«

Meine Finger krallen sich in meine Innenhandflächen.

»Aber eins sage ich Ihnen: In Ihrer Nachprüfung, da stehen Sie ganz alleine. Da kann Sie niemand rauskaufen. Das ist der Moment, in dem Sie sich beweisen müssen. Sooooo«, schnauft sie den Vokal aus und schließt dabei die Augen, »und jetzt gehen Sie bitte. Kommen Sie erst wieder, wenn Sie Verantwortung übernehmen können.«

»Ich ... ich kann Verantwortung übernehmen«, stottere ich.

»Den Eindruck vermitteln Sie aber, ehrlich gesagt, nicht. Au revoir!« Mit einer abwinkenden Handbewegung deutet sie mir zu gehen. Dann beugt sie sich wieder über ihre Unterlagen und würdigt mich keines Blickes mehr.

Wie ein verwundetes Reh streife ich durch den Wald hinter dem Internat. Zwei Stunden wandere ich nun schon herum und bin zu keinem Ergebnis gekommen, was genau Madame Aubry mir sagen wollte. Mein Handy funktioniert auch nicht mehr, so was Saublödes, wahrscheinlich ist es jetzt auch kaputt, weil ich es vor lauter Wut gegen einen Stein geworfen habe. Verena könnte ja auch mal öfter anrufen. Wenn wir uns so nah sind, wie sie immer sagt, muss sie doch spüren, dass es mir schlecht geht. Mein Blick auf die Uhr sagt: acht Uhr morgens in Miami. Wie eine Irre renne ich zurück ins Internat und latsche direkt ins Sekretariat.

»Ich muss mal telefonieren!«

Die Sekretärin sieht mich streng durch die Brille an.

Habe vor lauter Aufregung die Höflichkeitsfloskel vergessen. »Äh, bitte!«

Verständnislos deutet sie mir, dass sie mich nicht versteht.

»Je dois téléphoner à mes parents, s'il vous plaît!«

Im selben Moment betritt Madame Aubry den Raum. Sie verzieht keine Miene, als sich mich sieht. Wahrscheinlich ist sie überrascht, dass ich doch ein paar Vokabeln kann. Die Sekretärin hat mich jedenfalls verstanden. Sie drückt auf die 0 für ein Amt und dann kann ich wählen.

Es tutet. Los, Verena, geh du dran. Nicht Papa. Der würde mir jetzt eher eine Standpauke halten.

»This is Verena Bruns speaking!«

»Oh, Gott sei Dank«, sinke ich erleichtert in mich zusammen.

»Tasha, Liebes, was ist passiert?«, fragt sie aufgeschreckt.

»Ach, Verena …« Gerade als ich loslegen will, erinnere ich mich wieder an die Anwesenheit von Madame Aubry. Ich drehe mich zur Wand und versuche in den Hörer zu flüstern.

»Ich muss dir dringend etwas sagen!«

»Waaaaaas? Tasha, ich verstehe dich ganz schlecht. Kannst du nicht etwas lauter sprechen?«

Prüfend drehe ich mich um. Madame Aubry ist immer noch da und sie macht nicht die geringsten Anstalten, sich zu entfernen.

»Nein, geht nicht. Ich schreib dir 'ne E-Mail.«

»Brauchst du irgendwas?«

»Ja, schick mir bitte 'n neues Handy!«

»Alles klar, Schatz, wird gemacht. – Hast du denn schon nette Leute kennengelernt?«

»Ja, supernette. Alles bestens.«

»Da bin ich ja froh. Papa war schon der Meinung, dass du vielleicht Kontaktschwierigkeiten haben könntest!«

Ab da höre ich ihrem Redeschwall gar nicht mehr zu. Hat Papa eigentlich recht oder Mama? Jahrelang habe ich Papas Ansichten ignoriert und war so fixiert auf Verena, dass wir ihn wohl tatsächlich ausgeschlossen haben. Warum will Verena, dass ich hier Kontakte finde und in Bödefeld nicht? Nur, weil die Mädchen auch aus vermeintlich gutem Hause kommen? Wenn die wüsste, was hier für Zicken rumschwirren ... Ich kann mich doch nicht mit jemandem anfreunden, der mich von oben herab behandelt. Einschleimen werde ich mich bei keiner! Wenn die mich nicht so akzeptieren, wie ich bin, dann haben sie eben Pech gehabt.

»Wer weiß, wo du dann nächstes Jahr eingeladen bist. Ich meine, die Schule hat doch eine internationale Klientel. Also, ich an deiner Stelle würde das nutzen.«

»Verena, ich muss los.« Irgendwie will ich das Gespräch

jetzt beenden und einfach nur für mich sein. »Genieß die Zeit und grüß alle!«

»Auch Mona und Betty?« Im Geiste sehe ich Verenas feixenden Gesichtsausdruck.

»Na klar, die natürlich auch!«

»Okay!«, kommt es erstaunt zurück. »Von Papi soll ich dich auch ganz lieb grüßen. Dann bin ich ja froh, dass ich wieder mal recht hatte, was dich betrifft, und ihm jetzt Rapport über deine Kontakt-Erfolge liefern kann. Bist ja schließlich meine Tochter«, lacht sie ihr hohes Lachen, das jetzt leicht schrill klingt. »Ich kenne dich ja doch am besten!«

»Küsschen, Verena!«

»Küsschen, Püppi!«

Nachdenklich und mit hängendem Kopf verlasse ich den Raum.

An der Tür drehe ich mich noch einmal um. »Äh, au revoir, et merci!«, nuschle ich noch schnell und dann werden meine Schritte immer schneller. Kaum zur Tür raus, fangen meine Füße an zu laufen, werden schneller, ich renne, bin völlig außer Puste, mein Rücken ist klatschnass. An einem Baum hinter dem ersten Hügel halte ich keuchend an, beuge mich nach unten, schnappe nach Luft und halte mir die Hand auf die linke Seite. Tut das weh! Seitenstiche. Kann doch wohl alles nicht wahr sein, ich bin siebzehn Jahre, na ja, fast siebzehn, und jetzt schon ausgepowert. Das kommt davon, dass Verena mir immer die Entschuldigungen für den Sportunterricht schreibt. Verwundert stelle ich fest, dass dieses Gerenne sogar zu einem regelrechten Energieschub geführt hat. Irgendwie bin ich jetzt richtig warm geworden, müsste ich nicht so keuchen, würden meine Beine mich noch weiter tragen.

Langsam lasse ich mich auf den Boden plumpsen.

Okay, ich werde lernen und ich versuche die Nachprüfung zu schaffen, aber nur um Papi zu beweisen, dass er nicht recht hatte, schwöre ich mir dann. Ich weiß doch genau, was er von mir hält. Er glaubt, ich habe keinen Biss, mache alles nur halb. Ganz umkrempeln werde ich mich natürlich nicht, schließlich bin ich bisher ja auch immer ganz gut damit gefahren. Oder? Bin ich das wirklich? Plötzlich fühle ich mich unendlich alleine und deshalb beschließe ich, mich in die Seilbahn zu setzen und auf die *Alpe des Roses* zu fahren.

»Hi!«, schleiche ich mich an die Theke ran, hinter der Franziska steht.

»Hi Tasha, was machst du denn hier?« Verwundert sieht sie mich an und wischt sich mit dem Handrücken eine Locke aus der Stirn.

»Hatte Lust, mit dir zu quatschen!«

»Das ist ja süß von dir, aber das geht jetzt leider nicht, ich muss arbeiten.«

»Kannst du dich nicht verdrücken und wir treffen uns heimlich hinterm Haus auf 'ne Cola?«

Erstaunt und mit ernstem Gesichtsausdruck sieht mir Franziska tief in die Augen. »So was mache ich nicht, Tasha. Ich habe hier einen Job und den nehme ich sehr ernst, weißt du?!«

»Ja … ich dachte nur!«, stammle ich unsicher über ihre Bestimmtheit.

»Heute Abend kann ich leider nicht, bin hier oben eingeteilt. Aber was ist mit morgen? Hast du da vielleicht mal Lust, zu uns zu kommen? Wir könnten uns in den Garten setzen, wenn du magst.«

»Ja, gerne. Wo wohnst du denn?«

»Gegenüber vom Käseladen. Das Haus mit der roten Holztür und dem Erker.«

»Ich werd's schon finden.«

»Soll ich dir jetzt 'ne Cola bringen?«

»Danke, das wäre sehr lieb. Ach nee, warte, ich komm mit rein, brauchst mir ja keine Extrawurst zu braten. Ich weiß doch, dass hier Selbstbedienung ist.«

Ich folge ihr und beobachte ihren festen Gang, den geraden Rücken und die kruseligen Locken, die sie heute in zwei geflochtenen Zöpfen gebändigt hat. Franziska ist echt klasse. Ich mag sie. Schon im Zug war es so ein angenehmes Gefühl, in ihrer Nähe zu sein. Sie ist eine richtig starke Persönlichkeit.

Was bin ich eigentlich für eine Persönlichkeit?

Mit meiner Cola setze ich mich auf eine Wiese hinter der Hütte und betrachte das Bergmassiv. Wie klein man doch ist. Wie unwichtig. Die Berge, die werden auch noch nach uns hier sein. Thhh, und da machen wir uns Gedanken über Aussehen, Klamotten, Shoppen, Reisen und was weiß ich nicht alles. Und dabei sind das genau die Punkte, die einen Großteil meiner Persönlichkeit ausfüllen, erinnere ich mich an die immer noch unbeantwortete Frage, die vorhin durch mein Hirn schwirrte. Warum wirkt hier plötzlich alles nebensächlich, was bisher immer so wichtig erschien? Und wieso bin ich so durcheinander? Zu

Hause habe ich Verena, die immer auf alles eine Antwort hat. Aber die Fragen hier muss ich mir plötzlich selber beantworten. Nur, wie lauten die Antworten?

Keine Ahnung. Aber ich werde es herausfinden und auch, wieso ich immer jedem imponieren will. Leer im Kopf nuckle ich am Strohhalm rum, die Flasche habe ich schon halb ausgetrunken. Halb und wieder nicht ganz.

Raclette

Am nächsten Abend stehe ich vor dem Haus gegenüber vom Käseladen und bin enttäuscht. Franziska hat doch erzählt, dass ihr Cousin von Beruf Sohn ist, da habe ich, ehrlich gesagt, schon etwas mehr Reichtum erwartet. Dieses Holzhaus hier sieht völlig unspektakulär aus und ich kann mir beim besten Willen nicht vorstellen, dass hier betuchte Leute wohnen. Ob sie nur angegeben hat? Das passt so gar nicht zu ihr.

An dem Haus ist keine Klingel, nur so ein alter verrosteter Türklopfer. Als ich ihn in die Hand nehme, bin ich überrascht, wie schwer das Ding ist. Dreimal lasse ich ihn gegen die Tür hämmern. Dann höre ich Schritte. Als sich die Tür öffnet, steht Franziskas Cousin vor der Tür und hält einen Motorradhelm in der Hand.

»Salut!«

»Salut! Ich bin mit Franziska verabredet.«

»Ich weiß. Immer geradeaus, sie ist hinten im Garten! – Bin schon weg. Auf Weibertalk habe ich keinen Bock. Tschüss!«

Er stürmt an mir vorbei und setzt seinen Helm auf.

»Tschüss!«, sage ich leise und als ich die Tür hinter mir schließe, höre ich das Aufheulen eines Motorrads.

Langsam laufe ich durch das alte Gemäuer. Die Wände sind unverputzt und Bruchstein ist zu sehen. In Kombination mit dem alten Holz sieht das richtig toll aus. Bunte Wiesenblumen schmücken die Räume, an denen ich vorbeilaufe, um zum Garten zu gelangen. Das Haus ist viel größer als erwartet. Ein richtiges Raumwunder, stelle ich überrascht fest. Neugierig werfe ich überall einen Blick hinein. Die Küche, boah, die muss uralt sein. Dieser Gasofen, so was gibt's ja gar nicht mehr. Die antiquierten Möbel und Bilder in diesem Haus sind dabei aber so liebevoll arrangiert, dass sie nicht altmodisch wirken, sondern man das Gefühl hat, dass das Haus durch sie lebt.

Dann entdecke ich Franziska im Garten. Sie deckt gerade einen Tisch unter einer Platane. Barfuß, in abgeschnittener Jeans und einem verwaschenen T-Shirt sieht sie unglaublich natürlich aus. Da komme ich mir mit meinem stylischen Hosenanzug total overdressed vor. Aber ich dachte, wenn das hier so eine vornehme Familie ist, muss ich auch das richtige Outfit tragen. Schließlich hat Mama mir eingetrichtert, dass nichts peinlicher ist, als underdressed zu sein.

Das Gegenteil ist aber mindestens genauso peinlich, stelle ich fest.

»Hallo Tasha, schön, dass du da bist. Ich hoffe, du hast Hunger!«, küsst mich Franziska erfreut auf die Wangen. Als ich mich nach dem zweiten Küsschen abwenden will, sagt sie: »In der Schweiz gibt man drei!«

Ich halte meine Wange erneut hin. »Äh, ach so. Also, Hunger habe ich tatsächlich. Sogar großen. Habe das Abendessen ausfallen lassen, um pünktlich zu sein.«

»Prima, Tante Martha ist gerade in der Küche, sie wollte ein Raclette machen, zur Feier des Tages.«

»Zur Feier des Tages?«, frage ich erstaunt nach. »Was gibt's denn zu feiern?«

»Na, ja, weil du zu Besuch kommst. Lass uns mal nachsehen, ob wir ihr helfen können!«

Ihre Tante steht in der Küche, ich muss sie vorhin übersehen haben, als ich im Vorbeigehen einen vorsichtigen Blick hineingeworfen hat. Die rotwangige Dame begrüßt mich herzlich und küsst mich ebenfalls dreimal.

»Wir freuen uns, dass du zum Essen zu uns kommst, Tasha. Franziska hat mir schon viel von dir erzählt. Wenn du magst, kannst du mich ruhig auch Tante Martha nennen! Schließlich bin ich ja auch eine alte Tante«, kichert sie und stupst Franziska fröhlich mit dem Ellenbogen in die Rippen.

»Hihi, das finde ich auch!«, neckt Franziska sie zurück und greift nach einem Tablett mit Gläsern und Flaschen. »Ich nehm schon mal die Getränke mit raus!«

Ich finde, dass sie nicht viel älter aussieht als Verena. Doch die würde nie von sich sagen, dass sie alt ist, und erst recht würde sie sich nicht von einer fremden Person »Tante Verena« nennen lassen.

»Und, Tasha, wie gefällt es dir bei uns in Château-d'Oex ?«, wendet sich Tante Martha erneut an mich.

Verlegen und immer noch erstaunt über diese herzliche Begrüßung von eben beschönige ich nichts, sondern lasse meine Meinung ehrlich heraus. »Na ja. Erst nicht so. Ich fand es langweilig, klein und zu eng hier. Ich meine … das liegt wohl daran, dass ich noch nie so richtig in den

Bergen war«, füge ich schnell erklärend hinzu, als ich ihre enttäuschten Gesichter sehe.

»Wie? Du hast noch nie Urlaub in den Bergen gemacht?«, fragt Tante Martha erstaunt.

»Nein, nicht wirklich. Meine Mutter wollte immer nur ans Meer. Sie sagt, wir wohnen ja im Sauerland und da haben wir ja auch Berge. Na ja, verglichen mit hier muss man wohl eher Bodenerhebungen sagen.«

Sie lacht ein herzerfrischendes Lachen und strahlend weiße Zähne kommen zum Vorschein.

»Und wie gefällt dir das Chalet?«, will Franziska mit begeistertem Funkeln in den Augen wissen.

Noch einmal lasse ich meinen Blick durch den Raum schweifen und suche dabei nach dem richtigen Wort. »Ich finde es ... atmosphärisch!«

»Ja, nicht wahr. Das trifft es genau «, bestätigt Tante Martha. »Das Chalet ist von 1778 und vor zwanzig Jahren bis auf die Mauern abgebrannt.«

»Aber ... das sieht doch alles so alt aus!«

Wieder lässt sie ihr Lachen erklingen. »Ja, liebe Tasha und genau das hat uns sehr viel Arbeit, Mühe und auch Geld gekostet, es wieder so herstellen zu lassen. Wir wollten, dass es wieder seinen ursprünglichen Charakter erhält. Den Ofen hier«, sie deutet auf das gute Stück, das ich als Uraltmodell abgestempelt hatte, »haben wir aus England einfliegen lassen. Er sieht genauso aus wie das Original, ist aber brandneu.«

Gerade will ich sagen, dass man dann doch alles hätte modern einrichten können, da fährt sie fort: »Wäre doch schade gewesen, wenn man den alten Stil nicht beibehalten hätte. Etwas Modernes hätte niemals so gut gepasst. So, und jetzt lasst uns essen. Es ist zwar ein bisschen warm draußen für Raclette, aber wenn du noch nie in den Bergen warst, dann bist du bestimmt noch niemals in den Genuss gekommen!«

»Doch«, widerspreche ich, »Weihnachten haben wir schon mal Raclette gemacht. Das ist doch das mit diesen Pfännchen?«

»Na ja, wir machen das hier etwas anders! Raclette ist der Name der traditionellen Schweizer Käsesorte und zugleich die Bezeichnung für ein schweizerisches Nationalgericht, bei dem der Raclettekäse an einem offenen Feuer geschmolzen und die weich gewordene Masse nach und nach auf einen Teller abgestreift wird.« Sie drückt mir ein Strohkörbchen mit einem Stoffdeckel in die Hand. »Und dazu gibt es Kartoffeln, nimmst du sie schon mal mit raus?!«

Eifrig bemüht, ihr zu gefallen, trage ich stolz die versteckten Kartoffeln in den Garten. Bewundernd bleiben meine Augen an der Tischdekoration haften. Auf jedem Teller liegt ein geflochtener Kranz aus frischen Wiesenblumen. Was man aus Kleinigkeiten alles zaubern kann, stelle ich überrascht fest.

»Das ist ja schön!«, wende ich mich zu Franziska um, die hinter mir den Kamin anwirft.

»Freut mich, dass es dir gefällt. Wir lieben es, den Tisch schön zu decken. Und manchmal«, kichert sie und stupst mir mit dem Ellenbogen in die Rippen, »versuchen Tante Martha und ich uns gegenseitig zu übertrumpfen.«

»Das habe ich gehört!«, erscheint Martha jetzt auf der

Bildfläche und erhebt mahnend den Zeigefinger. Dann lacht sie plötzlich: »Aber ich sehe schon, das nächste Mal muss ich mich ganz schön anstrengen. Heute hast du dich ja selbst übertroffen.«

Es wird ein wunderschöner Abend. Tante Martha könnte ich stundenlang zu hören. Sie erzählt ungeschminkt von ihrer Zeit in Deutschland. Die Mutter war Friseurin.

Aha. Wie bei Verena. Aber ansonsten haben die beiden wirklich null Ähnlichkeit.

Der Vater ist Krankenpfleger gewesen. Sie waren fünf Kinder zu Hause und Martha wusste schon früh, dass sie da rauswollte. Nicht, weil es ihr nicht gefiel, ihre Kindheit war sehr glücklich. Auch heute noch trifft sie ihre Geschwister mehrmals im Jahr, bis auf einen Bruder, der leider schon gestorben ist. Aber als sie achtzehn wurde, hatte sie das Gefühl, dass alles für sie ein bisschen zu eng wurde, bildlich gesehen. Daher nahm sie einen Job als Au-Pair-Mädchen in der Schweiz an. Die Familie, bei der sie dann arbeitete, hatte eine achtjährige Tochter, einen dreizehn- und einen bereits neunzehnjährigen Sohn. In den Älteren hat sie sich unsterblich verliebt und vier Jahre später wurde geheiratet. Kurz hintereinander kamen ihre beiden Söhne zur Welt.

Hach! Ganz angetan von dieser Story lehne ich mich in meinem Stuhl zurück. »Das ist aber eine schöne Liebesgeschichte!«

»Ja, manchmal schreibt auch das wahre Leben Happy-Ends!« Dann öffnet Martha erneut den Stoffdeckel des Strohkörbchens. »Möchtest du noch eine Kartoffel?«

Prustend deute ich auf meinen Bauch. »Danke, es war wirklich superlecker, aber ich kann nicht mehr. Ich habe bestimmt ein Kilo mehr drauf!«

»Ach Gott, Tasha, das kann dir bestimmt nicht schaden. Außerdem ist das Leben zum Genießen da und nicht zur ständigen Selbstkontrolle. Und deshalb«, sie lacht verschmitzt, »hole ich uns jetzt den Nachtisch.«

»Oh, nein!«, stöhne ich laut auf und sehe ihr hinterher, als sie im Haus verschwindet.

»Warte ab, bis du ihn probiert hast. – Was wolltest du mir eigentlich heute erzählen? Du bist doch nicht umsonst nach oben auf den Berg gekommen.«

»Ach, ich weiß auch nicht. Eigentlich war nichts Bestimmtes. Nur so …« Ich suche nach einer Ausrede.

»Heimweh?!«

Ich greife nach dem Strohhalm. »Genau, Heimweh!«

»Komisch«, Franziska macht eine Handbewegung, die die ganze Schweiz umschließt, »ich habe hier nie Heimweh.« Dann beugt sie sich mit einem verständnisvollen Blick vor: »Oder vermisst du deinen Freund?«

»Nein! Da gibt's grad keinen. Eigentlich vermisse ich eher meine Mutter!«

»Echt?«, Franziska reißt verständnislos die Augen auf. »Also, meine Mutter und ich, wir verstehen uns zwar auch super, besonders seit mein Vater tot ist …«

Ach, das war der Bruder, von dem Tante Martha vorhin erzählt hat, der nicht mehr lebt.

»… aber Mama ist so beschäftigt mit ihrem eigenen Leben, ihren Freundinnen und ihren tausend Hobbys, dass sie wahrscheinlich sogar mal ganz froh ist, sturmfreie

Bude zu haben und mich ein paar Wochen nicht zu sehen! Und ich auch«, lacht sie. »Ich vermisse eher meine Freundinnen!«

»Meine Mutter ist für mich so was wie meine beste Freundin«, fasse ich unser Verhältnis zusammen.

Gedankenverloren fummelt Franziska ein Stück hart gewordenen Käse aus der verglühenden Feuerstelle. »So was gibt's wirklich?«, schüttelt sie erstaunt den Kopf.

»Ja«, bestätige ich mit ernster Miene. »Bei uns ist es *wirklich* so. Ohne meine Mutter würde ich mich niemals für irgendwas entscheiden. Sei's ein Kleid, oder ein Junge ... na eben so, wie du das mit deinen Freundinnen machst!«, vermute ich.

»Verdutzt schüttelt sie den Kopf. »Ich frag doch nicht meine Freundinnen, ob ich mir das oder das Kleid kaufen soll, oder ob und mit welchem Jungen ich zusammen sein soll.«

»Nein?«

»Nein!«

Unsicher kratze ich mich am Kinn.

»Klar will ich ihre Meinung hören. Aber nur, wenn ich völlig unsicher und unentschlossen bin!«

»Ja, eben!«

»Aber das bin ich meistens nicht!«

Ich schon.

»Hinterher drüber diskutieren geht schon, aber die Entscheidungen, die treffe ich lieber ganz alleine für mich«, klingt Franziska überzeugt.

»Bist du dir denn immer sicher?«

»Na ja, was heißt schon sicher? Wirklich sicher ist man

sich doch eigentlich nie. Aber wenn etwas schiefgeht, oder ich einen Fehlkauf mache, dann habe ich das selbst zu verantworten.« Dann will sie von mir wissen: »Aber du hast doch sicher auch Freundinnen?«

»Klar!«, kontere ich schnell. »Da sind so ein paar Mädchen in der Schule und wir sehen uns ab und zu. Aber halt nicht regelmäßig.«

»Wie? Keine Busenfreundin?«

»So richtig nicht, nein, eher so die Mädchen, mit denen man in den Pausen quatscht oder mal zum Eis essen oder in die Pizzeria geht!«

»Wem heulst du denn dann bei Liebeskummer die Ohren voll?«, will Franziska interessiert wissen.

»Na, meiner Mutter!«

»Versteht die dich denn?«

»Sie ist der einzige Mensch, der mich richtig versteht!« Glaube ich.

»Aber sie ist doch viel älter als du?«

»Nur achtzehn Jahre!«

»Nur!«, sagt sie kopfschüttelnd. »Ja, und … streitet ihr euch nie?«, fragt sie dann skeptisch.

»Nein!!!!«, sage ich entsetzt. »Wir haben uns noch nie gestritten.«

»Also, wir fetzen uns mindestens einmal die Woche. Na, so typische Mutter-Töchter-Konflikte eben.«

»Haben wir nicht!«, lasse ich überzeugt verlauten.

»WAS??? Das kann ich mir gar nicht vorstellen!« Dann lacht sie. »Nicht mit Mami streiten … da würde mir ja richtig was fehlen. Nein, im Ernst, wir sind ständig anderer Meinung. Sagt sie grün, sage ich rot. Echt, so geht das nur«, rollt sie genervt mit den Augen. Dann beugt sie sich vor: »Und bei keiner meiner Freundinnen ist das anders. Tja, und deshalb können wir uns so schön über unsere nervigen Mütter austauschen«, grinst sie.

Nachdenklich beiße ich mir auf die Unterlippe. »Eigentlich … mhm, hat mir bisher nie was gefehlt.«

»Ohhhhh, schnell, dreh dich um!« Franziska deutet mit ausgestrecktem Arm hinter mich.

Tante Martha tritt soeben mit einem Tablett mit selbst gemachtem Kuchen heraus. »Das ist ein Gâteau de Vully«, präsentiert sie den Nachttisch feierlich.

»Wow, den hast du selber gebacken?!«, lasse ich erstaunt verlauten.

Tante Martha beugt sich augenklimpernd zu mir vor. »Wenn Gäste kommen, gibt es doch nichts Schöneres, als ihnen etwas Selbstgebackenens anzubieten. Das ist eine Spezialität aus unserer Region.«

Während sie die Stücke auf unseren Tellern verteilt, denke ich an das Theater, das Verena jedes Mal veranstaltet, wenn Papa Kunden einlädt. Dieser Stress, wenn sie überlegt, was sie von welchem Feinkostladen liefern lassen soll.

Ich glaube, gebacken hat sie noch nie etwas.

Auf einmal geht die Tür auf.

»Il y a encore quelque chose à manger?«

»Deutsch, Joël, wir haben Besuch aus Deutschland, da ist es unhöflich, Französisch zu sprechen!«

»Pourquoi? Elle est là pour apprendre le français!«

Da hat er eigentlich recht. Damit Tante Martha sich nicht aufregt, will ich einlenken. »Eben genau. Ich bin zum Lernen hier. Aber jetzt habe ich schulfrei«, lächle ich, so entwaffnend ich kann.

Joël hockt sich lässig auf eine Stuhllehne und grapscht nach dem Stück Kuchen auf Tante Marthas Teller. Sie schlägt ihm leicht, aber bestimmt auf die Finger und sagt: »Wenn du etwas möchtest, dann hol dir bitte einen Teller!«

Joël bleibt sitzen. »Ach, nein, dann will ich lieber doch nichts!«

»Aus reiner Bequemlichkeit? Wird Zeit, dass das Semester wieder losgeht!«

»Ich will keinen Streit!«, leckt Joël die erhaschten Kuchenkrümel von seinen Fingern ab.

»Ich auch nicht!«, sagt Martha zähneknirschend.

Joël sieht nicht richtig gut aus, so im klassischen Sinn, aber irgendwie interessant. Er hat diese lässige Haltung und die gleichen tollen Zähne wie seine Mutter. Die Designer seiner Klamotten kenne ich und daher weiß ich, dass das, was er an seinem Astralkörper hat, nicht billig ist.

»Wo kommst du denn her?«, wendet er sich plötzlich unvermittelt an mich.

»Bödefeld.«

»Wo ist das denn?«

»Im Sauerland!«

»Aha! – Kenn ich nicht.«

»Tasha war noch nie in den Bergen!«, sagt Tante Martha.

»Ehrlich? Dann könntest du ja mal mit uns Skifahren gehen.«

»Es ist Sommer!«, bremse ich ihn in seiner Impulsivität aus.

»Ich weiß!«, kaut er lässig an einem Grashalm rum, den er aus Franziskas Gesteck gezogen hat. »Wir könnten zwar noch hoch auf den Gletscher gehen. So'n bisschen Heli-Skiing und so. Hab da einen Freund, der organisiert so was. Aber ich dachte mehr an Wasserskifahren auf 'nem Bergsee!«

»Das ist eine coole Idee, das habe ich in Amerika auch schon mal gemacht. Ich war sogar gar nicht so schlecht!«

»Glaube ich.« Anerkennend lässt er seinen Blick über meinen Körper gleiten. »Bei deiner sportlichen Figur!«

Wo driftet das denn jetzt hin?, frage ich mich erstaunt. Will der mit mir 'n Date klarmachen? Verena wäre bestimmt begeistert. Beste Familie, spricht mehrere Sprachen und wenn der studiert, kann er ja nicht dumm sein. Also, warum eigentlich nicht.

»Wann kannst du?«

»Mmh, weiß noch nicht!«, ziere ich mich.

»Nächsten Sonntag?« Er will mich anscheinend unbedingt auf einen fixen Termin festnageln.

»Okay, gerne!«

Dann lässt er sich vom Stuhl gleiten. »Salut, ich dreh noch mal 'ne Runde.«

Tante Martha sieht ihm nicht very amused hinterher, aber sie sagt nichts zu unserer Verabredung und Franziska auch nicht. Obwohl ich auf ihren Gesichtern Missfallen ablese.

Auf die Plätze. Fertig. Los!

Am nächsten Morgen liegt ein Päckchen in meinem Postfach. Sofort erkenne ich Verenas Handschrift. Wie hat sie das denn jetzt wieder gemacht? Das hat ja nicht einmal drei Tage gedauert. Unglaublich!

Schnell reiße ich es auf. Da drin ist ein hippes goldfarbenes Handy, wie ich es in der neuen *Das Topmodel* gesehen habe.

Liebe Püppi,
hier in Miami geht keiner mehr ohne dieses kleine goldene Schmuckstück. Ich dachte, es gefällt Dir auch. Schicke es als Express-Overnight-Service, dann müsste es in spätestens zwei Tagen da sein und wir können uns endlich wieder erreichen. – Miami ist wahnsinnig heiß. Betty sagt, es ist so schwül, sie würde am liebsten im Kühlschrank übernachten.

Ich schmunzle.

Findet sie wohl lustig. Aber ich mag ihre Übertreibungen nicht.

Och, ich eigentlich schon.

Ich vermisse Dich sehr. Papi bleibt bei seinem Standpunkt, dass die Zeit in der Schweiz für Dich gut und wichtig ist. Ich bin da anderer Meinung. Er lässt Dich schön grüßen, Deine Stiefmonster-Schwestern auch und ich natürlich besonders.
Miami ist nur halb so schön ohne Dich!
Deine Verena

Eilig tausche ich die SIM-Karte aus. Endlich bin ich wieder mit der Außenwelt verbunden. So, jetzt aber nichts wie weg, zum Schwimmtraining.

Gott sei Dank bin ich nicht die Letzte und auch nicht die Einzige, die im Zweiteiler zum Schwimmtraining erscheint. Die Ami-Mädchen haben ebenfalls Bikinis an. Dann schaue ich an mir runter. Was für eine Kugel. Der Raclette-Käse lag mir die ganze Nacht wie ein Stein im Magen und ich habe kaum ein Auge zugemacht. Das Einzige, wonach mir jetzt zumute ist, ist mich auf einen Liegestuhl zu potten und ein Verdauungsnickerchen zu machen. Gelangweilt spiele ich an meinem neuen Handy rum und checke, ob meine SIM-Karte funktioniert. Schon teilt Madame Aubry mich ein: »Tasha, du bist in der ersten Gruppe.« Sie stellt noch Wiebke, Katlen, Samira und eine Spanierin namens Alma auf.

»Allez, tout le monde en position!«, klatscht Madame in die Hände.

»Hoffentlich geht Princess nicht unter«, feixt Wiebke.

»Mit dem windschnittigen Bikini wird die wie ein gedopter Nemo durchs Becken gleiten«, lässt Katlen verlauten und allgemeines Gelächter ertönt.

Phh, mir doch egal, was die von mir denken. Ich brauche mich hier für niemanden anzustrengen. Doch als wir alle auf dem Startblock stehen, schlägt mir das Herz bis zum Hals. Ich hasse diese stressigen Konkurrenzkämpfe und jetzt bin ich mittendrin.

»Auf die Plätze. Fertig. Los!«

Mit einem Hechtsprung starte ich ins Wasser. Brustschwimmen ist angesagt. Während der ganzen Strecke versuche ich, mein Bikinioberteil zu richten, das mir tatsächlich beim Reinspringen vom Körper gerutscht ist. Während ich Katlen voller Ehrgeiz an mir vorbeipaddeln sehe und einen triumphierenden Blick von ihr aufschnappe, denke ich nur: Du blöde Kuh. Die anderen feuern sie lautstark an. Ich werde euch bei dem Wettkampf so was von hängen lassen, das könnt ihr mir glauben. Mit mir gewinnt ihr keine Medaille.

Madame Aubry drückt fassungslos auf die Stoppuhr, als ich auch endlich eintrudle. »Das, meine liebe Tasha, war die schlechteste Zeit, die jemals gemessen wurde!«

Schulterzuckend gleite ich auf einen Liegestuhl.

Plötzlich taucht Samira neben mir auf.

»Ich habe gesehen, dass du die ganze Zeit damit beschäftigt warst, dein Oberteil festzuhalten.«

»Stimmt, war ich!«

»Ich könnte dir für morgen einen Badeanzug leihen!«

»Echt nett von dir, aber nicht nötig. Hat ja eh keinen Zweck.«

»Den Kopfsprung können wir üben, du musst dich mehr mit den Füßen vom Block abdrücken«, schlägt sie ambitioniert vor.

»Du, ich krieg da echt voll Kopfschmerzen von. Ich glaub kaum, dass ich mich da noch mal so reinstürzen werde.«

Ein geringschätziger Blick von Madame Aubry trifft mich.

»Ja, wie willst du es denn sonst machen?«, fragt Samira verdattert.

»Am liebsten gar nicht!«

Jetzt ist auch Samira genervt. »Ich gebe es auf. Du hast echt keinen Ehrgeiz!«

»Nöö, wozu auch?« Ich ziehe meinen Bikini an den Hüften etwas höher, damit ich nachher keine Ränder vom Sonnenbaden habe.

»Na, für uns, für die Mannschaft, fürs Gewinnenwollen!«

»Ach, weißt du, Samira, ganz ehrlich, warum sollte ausgerechnet ich etwas für euch und für die Mannschaft tun?«

»Damit du beweisen kannst, dass du doch nicht so eine arrogante dumme Pute bist, wie alle denken. Aber anscheinend habe ich mich getäuscht und die anderen haben recht.« Wütend rupft sie ihr Handtuch vom Boden und rauscht davon.

»Selber dumme Pute!«

Während die restlichen Mädchen ihre Schwimmkünste zum Besten geben, döse ich ein wenig vor mich hin.

Plötzlich schrecke ich hoch. Ich muss eingeschlafen sein. Um mich herum ist es mucksmäuschenstill. Aus dem Haupthaus höre ich Geschirrgeklapper. Wieso sind die alle schon beim Essen? Hektisch blicke ich auf die Uhr. Mist! Schon zwei Uhr. Ich muss mindestens drei Stunden hier gelegen haben. Als ich mich aufsetze, spüre ich einen stechenden Schmerz auf der Haut. Überprüfend stelle ich fest, dass ich einen unglaublichen Sonnenbrand habe. Wie blöd ist das denn jetzt? Oh, nein, ich hatte mich ja überhaupt nicht eingecremt. Toll, und was nun? Da muss literweise After-Sun drauf, stelle ich fest und ziehe Luft durch die Schneidezähne, weil der Schmerz mich überkommt, als ich vorsichtig meinen Bikini an einigen Stellen zu Seite ziehe, um festzustellen, dass sich die Sonne bereits tief in meine Haut gebrannt hat.

Vorsichtig laufe ich hinüber zum Haupthaus. Hoffentlich sieht mich keiner, sonst haben die wieder Grund, über mich herzufallen. Oh, Mann, das tut soooo weh.

Carla ist oben im Zimmer, sie schält sich gerade aus einem T-Shirtkleid und steigt in eine Wanderhose. »Oh Gott, wie siehst du denn aus?«

»Sonnenbrand«, sage ich einsilbig.

»Hast du After-Sun?«

»Ja, in meinem Beautycase!«

»Komm, leg dich hin, ich hole es dir!«

Während sie mein Köfferchen holt, lege ich mich aufs Bett. Mein Kreislauf ist total im Keller.

»Wärst du so lieb. Die Kombination ist 2233«, gebe ich ihr den Zahlencode durch und bitte sie, den Schminkkoffer für mich zu öffnen.

»Klar!«

Nachdem sie den Inhalt auf After-Sun geprüft hat, stellt sie fest: »Da ist nichts drin!«

»Doch«, stoße ich schmerzverzerrt hervor, »da muss was drin sein. Ich weiß es genau!«

Demonstrierend hält sie ihn mir vor die Nase. Vorsichtig hebe ich meinen Kopf und werfe einen prüfenden Blick hinein. »Okay«, gestehe ich ein, »dann muss ich's wohl vergessen haben.« Entmutigt lasse ich meinen Kopf zurück aufs Kissen fallen. »Hast du denn nichts? Du bist doch sonst so *well prepared*?«, sage ich fast schon etwas vorwurfsvoll.

»Bei dem Sun-Blocker, den ich benutze, brauche ich kein After-Sun.« Dann springt sie plötzlich auf. »Warte, ich hole Quark und Zitrone aus der Küche. Bin gleich wieder da!«

»Aber beeil dich«, wimmere ich ihr hinterher.

Gefühlte Stunden später steht sie wieder vor mir. Tapfer lasse ich mich von ihr in eine Quarktasche mit Zitronengeschmack verwandeln. Zwischendurch quieke ich immer mal wieder schmerzerfüllt auf, dann sehe ich plötzlich, dass die Tür einen Spalt aufsteht. Bevor ich kapieren, wer da reinspannt, lässt mich ein Blitzlicht die Augen schließen. Entsetzt schrecke ich hoch.

»Warum hast du den anderen *das* gesteckt?«, frage ich Carla vorwurfsvoll und enttäuscht zugleich.

»Hab ich ja gar nicht, ich bin nur in die Küche gegangen und habe gesagt, dass ich Zitrone und Quark brauche, weil jemand einen Sonnenbrand hat«, verteidigt sie sich. »Es standen nur Katlen und Wiebke hinter mir, sonst niemand, ehrlich«, schwört Carla mit verzweifeltem Gesichtsausdruck.

Die naive Carla hat natürlich gar nicht gecheckt, dass

eine der beiden Grazien schon ausreicht, um mir die Zeit hier im Internat zur Hölle zu machen.

Aufseufzend lasse ich mich wieder aufs Bett plumpsen. Na super, kann mir schon vorstellen, was in den nächsten Tagen am Schwarzen Brett hängt. Mein Porträt als lebende Fleischtomate, jede Wette.

Plötzlich klopft es. Genervt rufe ich: »Herein!«, weil ich denke, weitere Schaulustige wollen Einlass. »Wir sollten Eintritt nehmen«, sage ich ironisch zu Carla und bin erstaunt, dass Madame Aubry vor mir steht.

»Ich habe gehört, dass Sie so einen schlimmen Sonnenbrand haben. Soll ich Dr. Jurasse anrufen?«

Es hat also schon die Runde gemacht. War ja klar.

»Na ja, ist halt ein Sonnenbrand. Ich weiß nicht, kommt dafür extra ein Doktor raus?«

»Darf ich mir die Sache mal ansehen?«

Sie setzte die Brille auf, die an einer goldenen Kette baumelt, und lässt ihren prüfenden Blick über mich gleiten. »Nach Verbrennungen ersten Grades sieht es zwar nicht aus, aber schon so, dass Sie sich in den nächsten zwei Tagen besser nicht im Freien aufhalten sollten. Warum um Himmels willen haben Sie sich denn nicht eingecremt?«

»Vergessen. Keine Ahnung. Sonst creme ich mich immer ordnungsgemäß ein, wegen Hautkrebs und vorschneller Hautalterung und so. Hätte aber auch nie gedacht, dass in den Bergen die Sonneneinstrahlung so stark ist wie am Meer.«

»Kind, Sie müssen wirklich noch viel lernen!« Kopfschüttelnd geht sie zur Tür und dreht sich noch einmal um. »Sie sollten die zwei Tage sinnvoll nutzen.«

Dann ist sie verschwunden.

»Yap, Schwimmtraining fällt aus!«, höhne ich.

»Na, so schlimm ist das doch auch nicht, dass man sich da so drüber freuen kann. Außerdem ist morgen Wochenende, da ist der Rest der Zeit zur freien Verfügung«, erinnert mich Carla.

»Oh, Mist, stimmt, morgen ist ja schon Samstag. Mensch, wie blöd. Ich wollte doch Wasserskifahren.«

»Na, das kannst du ganz bestimmt vergessen.«

Carla öffnet ihren Schrank und greift hinein. Ein paar Bücher kommen zum Vorschein. »Wenn du willst, ich habe ein paar gute Bücher mit.« Sie kommt wieder herüber an mein Bett. »Hier, ich stelle sie dir mal hin. Muss jetzt auch los, ich wollte mit Jane und Samira noch 'ne Runde wandern.«

»Dann viel Spaß und danke fürs Einbalsamieren«, versuche ich ein Grinsen.

Als die Tür hinter ihr ins Schloss fällt, fühle ich mich unendlich allein. Langsam setze ich mich auf. Es tut soooo weh. Dann sehe ich mir Carlas Bücher an. *Was vom Tage übrig blieb, England unter den Tudors* und *Ulysses.* Ach nee, das ist mir jetzt echt zu anspruchsvoll und außerdem muss ich noch die Franz-Hausaufgaben machen. Aber nicht sofort. Die mache ich erst heute Abend, jetzt schreibe ich erst mal eine Notiz an Franziska und an Joël, damit die Bescheid wissen, warum ich nicht bei ihnen auftauche. Vielleicht kann die ja jemand dort für mich vorbeibringen. Blöd, dass ich da nicht gerade dran gedacht habe, dann hätte ich sie Carla gleich mitgeben können.

Stundenlang liege ich jetzt schon in meinem Zimmer. Niemand kommt vorbei. Niemand sieht nach mir. Niemand ruft für mich an. Vor lauter Langeweile fange ich sogar an, mich – noch vor Sonnenuntergang – an die Hausaufgaben zu setzen.

Nach einer Stunde raucht mir der Kopf. Die Lernerei ist echt wahnsinnig anstrengend. Das tuckert vielleicht in meinem Schädel, ich habe das Gefühl, der zerspringt mir gleich. Oh nein! Ich rase los in den Flur, gut, dass niemand da ist, somit ist das Badezimmer, Gott sei Dank, frei. Anstatt mich über die Kloschüssel zu hängen, was ich echt so was von fies finde, beuge ich mich über das Waschbecken und übergebe mich. Fhhhhhhhhh, dann lasse ich mich langsam auf den Wannenrand sinken. Mir ist so schlecht. Ich fühle meine Stirn. Sie glüht. Kommt bestimmt vom Sonnenbrand.

»Elle as eu trop de soleil. Il faut qu'elle boit beaucoup et garde la lit, minimum trois jour.«

Langsam entfernen sich die Schritte von meinem Bett und ich will gerade noch auf die Nachrichten für Franziska und Joël hinweisen. Doch kurze Zeit später öffnet sich schon wieder die Tür. Madame Aubry bringt eine Karaffe mit Wasser.

»Tasha!«

»Mmh!«

»Tasha, der Arzt war grade hier. Wir haben Sie im Badezimmer gefunden und ihn sofort angerufen. Sie haben einen ziemlich heftigen Sonnenstich und müssen jetzt viel trinken!«

»Ich will, dass meine Mutter kommt!«

»Das kann ich verstehen, aber so schlimm ist Ihr Zustand jetzt auch nicht, dass Ihre Eltern extra dafür anreisen müssen. Sie brauchen nur Ruhe und müssen viel trinken.« Sie setzt ein Glas an meine Lippen. »Bitte!«

Glucksend leere ich es. »Danke!«

Nachdenklich tupft sie mir das daneben gelaufene Wasser vom Kinn. »Soll ich Ihre Eltern wirklich anrufen?«, fragt sie mit ernster Miene.

»Ja! ... Nein! ... Doch! ... Ach, ich weiß nicht!«

»Morgen sieht die Welt schon ganz anders aus. Und wenn Sie dann immer noch wollen, rufen wir sie an. Einverstanden?«

»Einverstanden!«, sage ich schläfrig und mir fallen wieder die Augen zu.

Als ich das nächste Mal aufwache, sitzt nicht Madame Aubry, sondern Franziska an meinem Bett.

»Hallo!«, sagt sie leise. Und ihre Augen lächeln mich an.

»Hallo!«

»Geht's dir besser?«

Ich prüfe meinen Allgemeinzustand und nicke. Die Kopfschmerzen sind endlich weg und ich hab Hunger. »Ich könnte was essen!«

»Warte, ich geh mal runter und frage, ob die was da haben!«, springt Franzsika sofort auf.

»Wie spät ist es?«

»Elf Uhr!«

»Welcher Tag?«

»Sonntag!« Franziska schüttelt verdutzt den Kopf. »Mannomann, dich hat's aber wirklich richtig erwischt.«

»Hat jemand Joël Bescheid gesagt?«

»Ja, ja. Ich soll dich schön grüßen und auch von Tante Martha. Sie fragt, ob du irgendetwas brauchst. Oder ob sie mal was kochen soll?«

»Kannst ja bei Gelegenheit mal fragen, ob sie Sauerbraten mit Klößen macht«, lächle ich, »aber jetzt würde mir schon ein Butterbrot mit Käse reichen.«

»Alles klar!« Franziska springt auf, schiebt den Stuhl näher ans Bett und geht durch den schmalen Gang zur Tür. »Deine Lehrerin war vorhin übrigens hier. Sie wollte wissen, ob du es dir überlegt hast.«

»Ja, habe ich. Sag ihr, es ist alles in Ordnung und sie braucht nicht anzurufen.«

Ich bin Franziska jetzt richtig dankbar, dass sie nicht neugierig nachhakt, sondern einfach nickt und nach unten geht.

Da sich in meinem Zimmer kein Spiegel befindet, stehe ich langsam auf, gehe zum Beautycase und hole den Handspiegel heraus.

Ach du jeeh! Wie sehe ich denn aus? Mein Gesicht ist ja richtig verschrumpelt, es sieht aus wie die eingelaufene Wäsche, die Verena regelmäßig aus dem Trockner zieht. Und rot ist es auch immer noch. An einigen Stellen pellt sich schon die Haut. Aber es tut nicht mehr so weh. Ich laufe zurück zum Bett und creme mich zaghaft mit der Salbe ein, die der Doktor für mich dagelassen hat.

Am nächsten Morgen geht es mir schon viel besser, daher beschließe ich, unter die Dusche zu gehen. Entgeistert stelle ich fest, dass sich kein einziges frisches Handtuch mehr in meinem Schrank befindet. Mhm. Ich kann ja jetzt nicht schon wieder Carlas Klamotten beanspruchen. Okay, also Waschtag ist angesagt. Ich krame alle Handtücher zusammen, ziehe das Bettzeug ab und gehe hinunter in die Waschküche. Gerade, als ich die Wäsche in die Maschine stopfe, kommen Katlen und Wiebke herein.

»Zu Hause habt ihr doch bestimmt Personal?!«, sagt Katlen mitleidig.

»Ja, eine Haushälterin!«, falle ich wieder einmal auf sie herein.

»Dachte ich mir's doch, Princess lässt sich von morgens bis abends das goldene Popöchen nachtragen! Oder sollte ich lieber sagen, das rot-verbrannte Pavianärschchen«, gackert sie superfies – in Anspielung auf meinen Sonnenbrand.

Wiebke stimmt in das gehässige Gelächter ein.

Wütend drehe ich ihnen den Rücken zu und beschließe, hier schnellstmöglich zu verschwinden. Unschlüssig starre ich auf die riesige Programmauswahl, die die Maschine mir bietet. Keine Ahnung, was man da so nimmt. *Knitterfrei* hört sich irgendwie gut an – schließlich will ich die Klamotten ja nicht knuddelig da rauskriegen – ich drehe den Schalter so lange, bis er irgendwo einrastet. Dann suche ich verzweifelt das Fach für das Waschpulver.

»Das Waschpulver schüttet man direkt *auf* die Wäsche!«, mischt Wiebke sich ein.

Ich öffne die Tür, kippe eine doppelte Ladung (um ganz sicher zu gehen, dass der Inhalt auch wirklich sauber wird) auf die Wäsche und sage genervt: »Weiß ich selber!« Dann drücke ich auf den START-Knopf und mache mich davon.

Ihr blödes Kichern verfolgt mich noch, als ich bereits wieder im Zimmer bin. Dort schüttelt Carla soeben meine Decke und mein Kissen aus und legt sie sorgfältig über die Fensterbank.

»Hey, da bist du ja. Schön, dass es dir wieder besser geht.« Sie zeigt auf das Bettzeug. »Hab es zum Lüften rausgehängt.«

»Nett von dir! Ich geb dir nachher auch deine Sachen wieder zurück. Sie sind grad in der Waschmaschine. Danke noch mal fürs Ausleihen«, sage ich höflich.

»Kein Problem. Du kannst sie aber gerne noch behalten.« Dann untersucht sie die leere Wasserkaraffe auf meinem Nachttisch. »Soll ich dir was zu trinken besorgen?«

»Klar, warum nicht!«

Als sie zur Tür raus ist, lege ich mich auf das unbezogene Bett und starre auf die Decke und das Kissen, die sie zum Fenster rausgehängt hat.

Warum macht sie das eigentlich? Wieso ist sie so nett zu mir? Sie ist anders als die Mädchen aus meiner Schule, die sich sonst so bei mir einschleimen. Irgendwie steige ich nicht hinter ihre Freundlichkeit. Ob das ehrlich ist? Oder aufgesetzte Höflichkeit, wie man sie von Diplomatentöchtern erwartet?

Fünf Minuten später kommt Carla mit einer vollen Karaffe wieder hoch. Ungefragt schüttet sie mir etwas Wasser ins Glas und reicht es mir.

»Sag mal, hast du Lust, mir gleich bei meinen Franz-Übungen zu helfen?«, nutze ich ihre Hilfsbereitschaft jetzt doch ein bisschen aus.

»Klar, zeig mal her!« Engagiert wie sie ist, hockt sie sich gleich neben mich.

Nachdem ich das Übungsheft aus der Tasche gekramt habe, brüten wir beide den halben Tag über den Aufgaben. Carla ist unermüdlich und kann supergut erklären.

»Puh, jetzt kann ich nicht mehr. Ich guck jetzt mal nach der Wäsche!«, stöhne ich irgendwann auf.

»Lass mal, das kann ich doch für dich machen!«, springt Carla vom Stuhl hoch.

»Gut, okay!«, füge ich mich erneut.

Zwanzig Minuten später taucht Carla wieder auf. »Die Wäsche war bereits im Trockner«, erklärt sie.

»Das ist ja prima, dann ist sie ja gleich trocken.«

»Sie war niemals nass. Du hast versucht, sie im Trockner zu waschen.«

»Waaas? Ich dachte, das wäre die Waschmaschine!«

»Ich weiß! Ich habe Katlen und Wiebke getroffen. Die blöden Gänse haben sich köstlich amüsiert.«

Deshalb haben sie so dämlich gelacht. »Und jetzt?«

»Ich habe jetzt alles in die Waschmaschine getan. Es dauert bestimmt noch eineinhalb Stunden, bis sie sauber ist, und du wirst dir für heute etwas einfallen lassen müssen. Leider habe ich keinen dritten Satz Bettwäsche mit und Handtücher habe ich auch keine mehr.«

»Aber kann man die Wäsche denn danach nicht trocknen?«

»Normalerweise schon, aber durch das Waschpulver ist die Trockenschleuder kaputtgegangen. Verstopft.«

»So ein Mist!«

»Madame Aubry hat schon einen Handwerker gerufen«, teilt sie mir mit.

»Du hast es ihr gesagt?« Entsetzt rolle ich mit den Augen.

»Nein, das hatten Katlen und Wiebke bereits!«

Na super, die Aubry muss mich ja auch für völlig verblödet halten. Aber unfähig scheine ich ja tatsächlich zu sein. Peinlich.

»Im Dorf ist so ein Krämerladen. Da habe ich Handtücher und Bettzeug gesehen. Nicht ganz up-to-date, aber okay!«, schlägt Carla mir vor.

Nicht ganz up-to-date??? Eine halbe Stunde später kräuseln sich mir die Fußnägel. Wenn man »sich küssende Murmeltiere im Nachthemd mit Zipfelmütze« als Trend bezeichnet, bin ich Trendsetterin. So etwas Geschmackloses habe ich noch nie gesehen, geschweige denn besessen. Und als die Verkäuferin mir noch freudestrahlend die passenden Handtücher überreicht, mit sich küssenden Murmeltieren in Badehose, ist mein ästhetisches Empfinden bis aufs Tiefste beleidigt. Aber ich habe keine andere Wahl. Wenn ich heute Nacht nicht ohne Bettwäsche schlafen und nach dem Duschen triefnass bleiben will, muss ich zum Schweizer Fashion-Victim werden.

Beim Beziehen meines Bettes schließe ich die Augen und als Samira reinkommt und einen Lachkrampf kriegt, halte ich mir auch noch die Ohren zu. »Hoffen wir, dass

Katlen das nicht sieht, die würde glatt noch ein zweites Foto von dir schießen!«, feixt sie.

Mit einem Pokerface halte ich ihr noch das Handtuch entgegen und sagte: »Und hiermit würde es 'ne super Trilogie geben.«

Als Carla die Tür öffnet und uns beide mit meinen Errungenschaften sieht, kriegen wir drei uns vor Lachen gar nicht mehr ein.

Glacier-Express

Am Dienstagmorgen habe ich zwei Stunden Französisch bei Madame Aubry. Erstaunt blättert sie mein Übungsheft durch. »Sie haben ja sogar schon vorgearbeitet!«

»Ich hatte ja genug Zeit«, verziehe ich den Mund zu einem Grinsen und glaube auch bei ihr ein Lächeln zu entdecken.

»Ich werde das heute Abend in Ruhe durchsehen, ich will jetzt nicht, dass Sie zu spät zum Ausflug kommen. Hier, ich habe Ihnen Ihr Lunchpaket schon einmal mitgebracht, dann brauchen Sie nicht extra wieder zurück ins Haupthaus.«

»Das ist mir jetzt echt peinlich, aber ich weiß nichts von einem Ausflug.«

»Haben Ihre Mitschülerinnen Ihnen denn gar nichts gesagt?«

Erst zucke ich mit den Schultern, dann schüttle ich verneinend den Kopf. Seltsam, dass Carla oder Samira nichts davon erwähnt haben.

»Wir fahren heute mit dem Glacier-Express. Es wird also nicht anstrengend für Sie. Normalerweise wird die Fahrt ans Ende des Sommercamps gestellt und dauert siebeneinhalb Stunden, aber die Bahn wird nächste Woche generalüberholt und fährt heute durch unsere Gegend. Der Direktor der Frazer-Montgomery-School hat organisiert, dass wir die Strecke von hier bis nach Lausanne mitfahren dürfen.«

Oh, nein, Bahnfahren, wie ätzend. Ich will aber jetzt nicht schon wieder rumnölen und irgendwie möchte ich auch noch etwas Nettes sagen, schließlich war sie supernett zu mir, als es mir jetzt nicht so gut ging. »Wie ist das eigentlich nach dem Sommercamp hier? Das ist doch sonst ein reines Mädcheninternat, oder?«

»Ja, seit einundfünfzig Jahren. Die Mädchen machen hier ihr französische Baccalauréat bzw. ihre Schweizer Matura und seit einem Jahr bieten wir auch das deutsche Abitur als Abschluss an. Wenn das Sommercamp vorbei ist, fliegen unsere Schülerinnen, die aus allen Teilen der Welt kommen, wieder bei uns ein. Die meisten sind seit dem fünften Schuljahr da. Einige kommen auch nur für eine befristete Dauer, weil ihre Eltern eine Zeit lang hier in der Schweiz arbeiten. Das sind bei allen ganz unterschiedliche Beweggründe. Oh«, mit einem Blick auf die Uhr treibt sie mich plötzlich an, »jetzt müssen wir aber los!«

Der Glacier-Express sieht aus wie die alte Märklin-Bahn, die bei Opa auf dem Dachboden steht. Er hat so gar keine Ähnlichkeit mit dem modernen ICE, mit dem ich gefahren bin. Doch bevor ich in den Zug steige, suche ich alles nach Carla und Samira ab. Von den beiden ist keine Spur. Wo sind die bloß? Plötzlich fährt ein Bus vor und circa dreißig Jungen steigen aus.

»Wow«, höre ich Katlen durch das offene Zugfenster, unter dem ich stehe. »Frischfleisch. Was für eine Auslage! Da ist ja für jeden was dabei!«

Pause.

»Welchen würdest du nehmen?«, fragt Wiebke sie schluckend und ich hoffe, dass nichts von ihrem vermehrten Speichelfluss gleich auf mich heruntertropft.

»Den großen Dunkelhaarigen in der Jeans, mit dem blauen T-Shirt und den Turnschuhen«, kommt es wie aus der Pistole geschossen.

»Da könnten wir uns in die Quere kommen!«, warnt Wiebke und ich bin verblüfft, dass sie auch nur im Geringsten erwägt, sich mit Katlen anzulegen.

Interessiert mustere ich das unwissende Opfer.

»Guck dir dieses Gesicht an und diese weizenblonden Strähnchen in dem braunen Haar. Ich fasse es nicht, ich glaube, der hat blaue Augen. Braune Haare und blaue Augen. Der gehört mir!«, bestimmt Katlen.

Das reicht. Ich kann mir ihr blödes Gelaber nicht weiter anhören und da ich Carla und Samira immer noch nicht entdeckt habe, beschließe ich, in den letzten Waggon zu gehen, der noch leer ist. Genervt schließe ich das Fenster.

Plötzlich geht die Abteiltür auf und Katlens Auserwählter steht vor mir. »Ist hier noch frei?«

Abwehrend verschränke ich die Arme vor der Brust. »Nein, hier ist alles besetzt.«

»Sehr witzig«, lacht er und hockt sich gegenüber auf die Bank. »Hier ist doch kein Mensch.«

»Soll das heißen, ich bin niemand?«

Meinen Kommentar überhört er gekonnt und sagt: »Ich bin nämlich vor den anderen geflüchtet. In diesen Sommercamps hockt man ja den ganzen Tag aufeinander. Irgendwann braucht man mal eine Auszeit!«

»Wem sagst du das?«, stöhne ich zustimmend auf.

»Brauchst du auch eine Auszeit?«, blickt er hinter sich, um sicherzustellen, dass ihm niemand gefolgt ist.

»Wie man's nimmt. Eigentlich bin ich mehr eine Aussätzige!«

Er lacht erneut. »Wegen des Sonnenbrands?«, deutet er auf mein abgeschältes Gesicht. »Der ist doch nicht ansteckend.«

Jetzt muss ich auch grinsen.

Plötzlich wird die Tür zu unserem Abteil aufgerissen. Katlen und Wiebke stehen wie die Racheengel im Durchgang. Katlen kickt ihren Schatten gegen das Schienbein. Dann flüstern sie kurz miteinander, tauschen konspirative Blicke und steuern direkt auf uns zu.

»Der Waggon hier soll gleich abgehängt werden.«

»Ach, ehrlich«, sage ich gelangweilt, weil ich den beiden kein Wort glaube.

Wiebke pflanzt sich galant auf den Sitz und schlägt die Beine übereinander.

»Der Zug fährt ja erst in einer Viertelstunde«, sagt der Namenlose.

Katlen steht immer noch neben uns und zupft ihr Oberteil zurecht. Sie macht auf sexy. Doch als sie sich aufreizend zu ihrem Opfer herunterbeugt, fallen ihm beinahe ihre Push-up-Polster ins Gesicht. Wie peinlich ist das denn bitteschön?

»Hi, ich bin Katlen und das ist meine Freundin Wiebke!«, streckt sie Mister Noname die Hand hin

»Hi Katlen, Wiebke … ich bin Luis.«

Dann sieht er mich erwartungsvoll an.

»Tasha«, nicke ich kurz.

»Tasha! Toller Name. Woher kommt der?«, fragt er ehrlich begeistert.

»Tasha ist die englische Abkürzung von Natascha, das kommt aus dem Russischen und bedeutet ›die an Weihnachten Geborene‹.«

»Und, bist du Weihnachten geboren?«, will er wissen.

»Nein, ehrlich gesagt mitten im Sommer!«

»Heißt nicht so auch irgendein Topmodel?«, flüstert Wiebke zu Katlen.

»Ja«, sage ich stolz, »Tasha de Vasconcelos. Meine Mutter meint, dass ich sogar Ähnlichkeit mit ihr habe.«

Ein Naserümpfen und ein Hüsteln ist die Antwort von Wiebkes und Katlens Sitzreihe.

Luis grinst und sagt: »Ich kenne dieses Topmodel zwar nicht, aber ich kann mir schon vorstellen, dass du Ähnlichkeit mit ihr hast.«

Der ist ja richtig nett, der arme Kerl, und irgendwie tut er mir sogar ein bisschen leid. Wenn Katlen es auf ihn abgesehen hat, dann ist die Beziehung mit ihr ab jetzt beschlossene Sache. Der hat keine Chance zu entwischen!

Oder vielleicht doch???

»Luis ist aber auch ein schöner Name!«, schmeichle ich ihm und ändere meine Taktik. Wie blöd bin ich eigentlich? Das ist doch die Gelegenheit, es Katlen einmal heimzuzahlen.

Plötzlich räuspert sich Katlen: »Ach, Mensch, wie blöd, ich hab ja total vergessen, Madame Aubry sucht dich überall. Du sollst mal zu ihr kommen.«

Aha. Ich traue ihr nicht. Zu oft schon hat sie mich reingelegt. Aber ich habe keine Chance, denn wenn es um Madame Aubry geht, will ich lieber kein Risiko eingehen. Langsam erhebe ich mich. »Wo ist sie denn?«

»Na, ganz vorne, im ersten Abteil. Am besten du gehst außen herum, dann musst du dich nicht überall durchwurschteln. Geht schneller!«, nickt sie und wendet sich wieder Luis zu.

Kurz nachdem ich draußen bin, fährt die Bahn plötzlich an. Mist! Schnell hüpfe ich in den Waggon zurück, doch der wird im selben Moment tatsächlich abgekoppelt. Drinnen stelle ich dann fest: Ich bin allein! Luis, Katlen und Wiebke sind bereits in ein anderes Abteil umgezogen. Umgehend springe ich wieder hinaus und dort sehe ich nur noch die Rücklichter des Glacier-Expresses. Panisch renne ich hinterher. Auf einmal geht ein Fenster des fahrenden Zuges runter und Katlen beugt sich heraus: »*Der* gehört mir, Princess. Such dir einen anderen Frosch!«

Wutentbrannt balle ich die Fäuste und schreie: »HALT!!!« Doch der Zug fährt weiter und weiter und dann plötzlich … hält er an.

Eine Tür öffnet sich und Luis springt heraus. »Ich hab dich rennen sehen und da habe ich einfach die Notbremse gezogen.«

Völlig verdattert über sein spontanes Handeln und über die Tatsache, dass jemand meinetwegen einen Zug zum Stehen bringt, starre ich ihn an.

»Hoffentlich kriegst du deswegen keinen Ärger!«, äußere ich besorgt.

»Ach, glaub ich nicht«, winkt er ab. »Die Fahrt heute war ja eh nur für die Schüler von unseren Internaten und außer der Reihe. Komm, steig ein!«, hält er mir die Hand hin und ich ergreife sie strahlend, als ich Katlens entsetztes Gesicht sehe.

Als wir wieder in den Waggon steigen, werden wir schon vom Schaffner in Empfang genommen. Madame Aubry sieht mich fragend an. »Entschuldigung. Ich ... ich wollte das nicht. Katlen hat gesagt, Sie wollten mich sprechen und ich sollte besser außen entlang laufen und dann fuhr der Zug plötzlich los!«

Madame Aubry sieht Katlen fragend an: »Wieso haben Sie ihr gesagt, dass ich sie sprechen wollte?«

Hab ich's doch geahnt. Die blöde Kuh hat sich das nur ausgedacht, um mich loszuwerden.

»Tja, ähem ... ich ... also. Wollten Sie nicht?«, höre ich Katlen noch nervös herumstottern, als ich mit Luis dem Schaffner folge, der uns mit ernstem Gesicht deutet, ihn zu begleiten. Er spricht mit uns auf Französisch und ich verstehe kein Wort. Schulterzuckend werfe ich Luis einen Hilfe suchenden Blick zu. »Der spricht so schnell. Was sagt er?«

»Dass er uns verwarnt und noch einmal ein Auge zudrückt. Allerdings sollen wir hier vorne im Abteil sitzen bleiben, damit er uns besser unter Kontrolle hat und wir nicht noch einmal auf dumme Gedanken kommen.«

»Okay!« Ich lasse mich auf einer Bank nieder und in dem Moment fährt die Bahn wieder an.

Stumm sitzen Luis und ich uns gegenüber. Die Stille, die wir uns ja eigentlich beide gewünscht haben, ist plötzlich irgendwie so unangenehm.

»Wie ist denn das passiert?« Fragend deutet Luis auf meinen Sonnenbrand.

»Bin nach dem Schwimmtraining eingeschlafen!«

»Blöd. Tat bestimmt weh!«

»Joa, schon.«

»Hast du für den Wettkampf geübt?«

»Mmh!«

»Du bist sicher eine gute Schwimmerin!«

Plötzlich sehe ich Katlens und Wiebkes Gesichter durch die Glasscheibe und denke mir, einen Wettkampf gegen Katlen im Schwimmen werde ich nie bestehen, aber bei Luis habe ich gegen sie deutlich bessere Chancen.

»Na ja, es geht so.«

»Ach komm. Understatement hast du doch bestimmt gar nicht nötig«, schmeichelt er mir.

»Na ja …«, ziere ich mich.

»Wir trainieren auch jeden Tag. Das Sportangebot ist wirklich das Beste an dem ganzen Camp. Wandern, Rafting, Tennis, Feldhockey, Segeln. Was machst du am liebsten?«

Mit einem Blick auf Katlens erboste Fratze sage ich: »Och, so von allem ein bisschen!«

»Ich schwimme am liebsten!«, sagt Luis impulsiv und ich bin überrascht, dass man so leidenschaftlich von einer Sportart schwärmen kann. Obwohl, fällt mir dann ein, Samira sieht dabei ja ähnlich begeistert aus.

»Ja«, sage ich, klimpere mit den Lidern in seine Richtung und sehe verzückt, wie Katlen hinter der Scheibe langsam zusammenbricht. »Schwimmen ist auch mein *favorite*!«

»Wie schnell bist du auf hundert Metern?«

»Tja, äh, ach, guck mal da, ist das nicht toll, die bunten Heißluftballons, die da vorne hochsteigen?«

»Hast du das schon mal gemacht?«, fragt er mich und verrenkt sich fast den Hals dabei, als er sich vorbeugt, um aus dem Fenster zu sehen. Bei seiner Berührung zucke ich unvermittelt zurück. Plötzlich muss ich an Maik und diesen verunglückten Morgen denken. Und jetzt lehnt dieser Luis bäuchlings über mir, um Heißluftballons aus einem Zugfenster zu betrachten. Komische Welt.

Katlen und Wiebke kommen plötzlich durch die Tür. Wahrscheinlich haben sie bei seiner seltsamen Haltung Schlimmeres vermutet.

»Ich glaube, es gibt nichts, was ich noch nicht gemacht habe!«, lasse ich großspurig verlauten. Und da ist ja irgendwie was dran. Schließlich habe ich alles schon mal ausprobiert und nichts zu Ende gebracht. Alles nur halb. Halber Segelschein, halbes Seepferdchen, halber Surfkurs.

Luis sieht mich bewundernd von der Seite an. »Ballonfahren auch?«, wirft er wieder einen schmachtenden Blick durchs Fenster.

»Nein!«

Katlen und Wiebke kommen immer näher.

»Aber Paragliding!«

»Eeeeecht?«, fragt Luis jetzt schwer beeindruckt. »Das ist doch superschwer.«

»Na ja, das war so ein Tandemflug.« Dunkel erinnere ich mich, wie mal ein Schüler aus meiner Klasse davon erzählt hat. Parallel dazu ergötze ich mich an der Tatsache, dass Katlen so langsam jegliche Farbe aus dem Gesicht weicht.

»Aha. Wie ist das dann? Ist man da vor oder hinter dem Fluglehrer?«, will Luis wissen.

»Ähem, tja, also, man hängt davor.«

»Und war das nicht trotzdem ganz schön schwer?«

»Och nöö, du, das war ganz easy. Wenn die Thermik gut ist, dann ist das gar kein Problem!«

»Hast du keine Angst gehabt?«, durchbohren mich seine saphirblauen Augen. Jetzt weiß ich, was Katlen meinte. Braune Haare und blaue Augen sind tatsächlich 'ne gute Kombination.

Die Gute beugt sich gerade interessiert vor, um meine Antwort nicht zu verpassen.

»Nein, nicht ein bisschen«, schwindle ich und kreuze dabei die Finger hinter dem Rücken.

»Ahhhhh!« Katlen stößt einen spitzen Schrei des Entsetzens aus und zieht Wiebke mit sich hinaus.

Luis scheint sie gar nicht bemerkt zu haben, so konzentriert ist er jetzt. »Für mich ist Sport unheimlich wichtig!«

»Ich kann mir auch nichts Tolleres vorstellen«, klimpere ich gekonnt mit den Wimpern.

»Ich bereite mich momentan auf meinen ersten Marathon vor.«

Man kann förmlich riechen, dass Katlen sich hinter der Tür versteckt hat, und deshalb setze ich noch eins drauf. »Was für ein Zufall«, sage ich und klatsche vor Begeisterung in die Hände, »ich auch!« Hoffentlich werde ich nicht gleich wegen Lüge Nummer zwei vom Blitz erschlagen.

In dem Moment wird die Zwischentür zugeschlagen. Hab ich's doch gewusst. Tja, liebe Katlen, liebe Wiebke, das Prachtexemplar seid ihr los, und so langsam macht mir die Tatsache Spaß, dass Katlen auch mal die A-Karte gezogen hat. Warum soll immer nur ich der Loser sein?

»Hast du Hunger?«, fragt Luis plötzlich.

»Ja! Wieso? Du auch?«

»Dein Magen hat geknurrt«, grinst er.

Mit der flachen Hand schlage ich mir plötzlich vor die Stirn. »Ach, blöd, mein Lunchpaket ist in dem abgekoppelten Waggon.«

Luis greift nach seinem Rucksack und holt ein dickes Stück Käse, zwei Scheiben Brot, Weintrauben, eine Flasche Wasser und ein Schweizer Taschenmesser heraus. »Können wir gerne teilen!«

Mir läuft das Wasser im Mund zusammen und ich nehme sein Angebot an. Nachdem wir alles aufgegessen haben, fällt mir auf, dass mir so etwas Profanes noch nie so gut geschmeckt hat und dass ich das erste Mal keinen Krümel übrig gelassen habe.

Luis reicht mir erneut die Wasserflasche. »Hier, nimm noch einen Schluck!«

»Gerne!« Ich vergesse sogar, den Flaschenhals mit dem Ärmel sauber zu machen, obwohl ich es normalerweise eklig finde, mit Fremden aus einer Flasche zu trinken.

»Das war total nett von dir, dass du dein Essen mit mir geteilt hast!«

»Freut mich, dass es dir geschmeckt hat!« Dann grinst er schelmisch: »Wir Sportler müssen doch zusammenhalten!« Daraufhin zückt er eine Tafel Schweizer Schokolade, die wir brüderlich halbieren. Somit ist mein Weltbild wiederhergestellt, schließlich esse ich ja nur die Hälfte der Tafel.

Der Zug zockelt so vor sich hin und die Aussicht ist gigantisch. Schweigend sitzen wir nebeneinander und genießen die Fahrt. Seltsamerweise habe ich gar nicht das Gefühl, dass ich jetzt unbedingt etwas sagen muss. Nicht reden ist auch völlig okay. Als wir an einem kleinen, verträumten Dörfchen vorbeikommen, sage ich dann doch etwas: »Ich wusste gar nicht, dass Zugfahren so schön sein kann!«

»Und ich finde es schön, dass wir uns hier getroffen haben!«, sagt Luis leise.

Stille. Besser, ich sehe ihn jetzt nicht an.

Die Fahrt sollte mich eigentlich nur nach Lausanne bringen und nicht ins nächste Liebesabenteuer. Aber wenn ich ehrlich bin, steht dem ja eigentlich gar nichts im Wege. Komisch, letzte Woche, als Joël mich um ein Date gebeten hat, war ich noch nicht so weit. Wieso denn jetzt plötzlich? Wahrscheinlich, weil Joël nicht wirklich mein Typ war und ich nur auf sein Angebot eingegangen bin, weil ich dachte, dass er Verena gefallen könnte. Dabei muss er doch eigentlich mein Typ sein und nicht ihrer. Je weiter sie weg ist, je weniger ich mit ihr spreche, umso mehr muss ich mich selber fragen, was ich will. Dort, wo bis vor Kurzem noch eine vermeintliche Leere war, liegt doch etwas vergraben und ich buddele es aus.

»Hast du Lust, morgen Abend mit ins *Cactus* zu kommen?«, fragt Luis.

»Mmh, na ja, ehrlich gesagt, bin ich morgen sowieso da, aber ich bin schon verabredet!«

»Schade«, sagt er und dreht den Kopf wieder zum Fenster. »Na, dann vielleicht ein andermal!«

Der Zug fährt am Genfer See vorbei und bald sind wir in Lausanne. Krampfhaft überlege ich, jetzt doch noch etwas Nettes zu sagen, aber mir fällt einfach nichts ein.

Nachdem wir ausgestiegen sind, hält der Schulleiter des Jungen-Internats eine Rede. Und jetzt endlich entdecke ich Carla. »Was ist los? Wo wart ihr denn?«

»Mensch, Tasha, ich hab dich überall gesucht. Samira und ich hatten nämlich total vergessen, dir von dem Ausflug heute zu erzählen.«

Es war also keine böse Absicht. Wie misstrauisch ich mittlerweile geworden bin.

»Wo ist sie denn eigentlich?« Suchend sehe ich mich nach Samira um.

»Du, die hat überraschend Besuch bekommen und ist gar nicht erst mit!«

»Aha, von wem denn?«, frage ich neugierig nach. Schließlich fällt mir auf, dass ich von Samira so gar nichts weiß.

»Von einem Schwimmtrainer, glaube ich.« Dann lauscht Carla interessiert der Rede des Schulleiters.

Ich verstehe kein Wort. Gelangweilt lasse ich meinen Blick umherschweifen. Er bleibt an Luis haften. Der steht in einiger Entfernung von mir an einem Brunnen und entleert den Abfall aus seinem Rucksack in einem in der Nähe stehenden Papierkorb. Plötzlich beobachte ich, wie ein älteres Ehepaar eine Münze in den Brunnen wirft, die Augen für einen kurzen Moment schließt und dann schelmisch lacht und weitergeht.

Um mich für das Essen und seine Nettigkeit zu revanchieren, schlendere ich zu Luis hinüber und drücke ihm einen Schweizer Franken in die Hand. Entgeistert starrt er mich an. Wahrscheinlich denkt er, ich wolle für das Essen bezahlen, deshalb nicke ich schnell mit dem Kopf in Richtung Brunnen. »Wünsch dir was!«

Luis dreht sich auf der Stelle um und wirft die Münze rückwärts in den Brunnen.

»Okay, jetzt ich.«

»Und?« Er sieht mich treuherzig an. »Verrätst du mir, was du dir gewünscht hast?«

Kopfschüttelnd erkläre ich: »Das geht nicht, dann geht es nicht in Erfüllung!«

Doch ehrlich gesagt wüsste ich supergerne seinen Wunsch. Meiner ist ganz elementar. Ich wünsche mir nämlich, dass ich die Nachprüfung schaffe, um es Papa zu beweisen. Und auch ein bisschen mir selber.

Sport ist Mord

»Hey, du hast ja doch einen Badeanzug mit«, stellt Samira überrascht fest, als sie mich am Beckenrand sitzen sieht.

»Hab ich mir in Lausanne gekauft!«, kläre ich sie auf.

»Very sexy«, sagt Jane, als ich mich erhebe. »*Victoria's Secret*?«

»No!«, sage ich knapp und verrate jetzt nicht, dass er von *La Perla* ist, weil ich weiß, dass die anderen nur danach lechzen, von mir wieder so eine vermeintliche Angeberei zu hören.

»Oh, Princess macht auf sportlich!«, höre ich Katlen anrauschen.

»Ein Sportbadeanzug allein macht aber noch nicht athletisch!«, setzt Wiebke ironisch hinterher.

Blödes Gekicher. War ja klar. Schulterzuckend denke ich: Komisch, dass man sich sogar an ihre Unverschämtheiten gewöhnen kann. Die Sache mit Luis hat mich anscheinend ein wenig gestärkt.

»Hey, du bist ja schon nass. Warst du schon drin?«, will Carla wissen, die jetzt ebenfalls auftaucht.

Ich stecke keinem, dass ich schon heimlich ein paar Bahnen gezogen habe, dann zerreißen die sich bloß wieder die Mäuler und meinen nachher, ich wollte mich bei ihnen einschleimen. Dabei habe ich nur für Luis geübt, schließlich hält er mich für eine Sportskanone und ich möchte mich doch nur ungern blamieren.

»Nö, hab nur schon mal geduscht!«, flunkere ich und bin ein bisschen nervös über die Tatsache, dass die Schwindelei langsam zur Gewohnheit wird.

Samira setzt sich neben mich an den Beckenrand und lässt ihre Beine ebenfalls ins Wasser baumeln. »Hast du Lust, ich meine, dass ich dir das nachher mit dem Kopfsprung mal zeige?«, schlägt sie vor.

Genau auf die Frage habe ich gewartet. »Warum nicht«, antworte ich gespielt gleichgültig.

»Huhuuuu, Tasha!«, erkenne ich Franziskas Stimme.

»Hi, Franziska, ich bin hier unten. Komm doch runter. Vorne rechts sind die Treppenstufen. Aber pass auf, die dritte ist etwas locker«, lotse ich sie durch die Blumenbeete runter zum Pool und stelle ihr Samira und Carla vor.

»Hey, das ist ja toll. Hier war ich ja noch nie. Jetzt bin ich schon so oft hier im Institut gewesen, aber ich wusste gar nicht, dass hier unten ein Pool ist. Ich kenne nur den von der Frazer-Montgomery-School, weil da immer die Sommercamp-Wettkämpfe sind.«

»Diesmal ist der Wettkampf hier, deshalb herrscht oberste Geheimhaltungsstufe«, grinse ich. »Die Jungs dürfen nicht sehen, wie fit wir sind!«

»Da gebe ich dir ausnahmsweise mal recht!«, lässt Katlen von ihrem Liegestuhl vernehmen. »Wäre echt ungünstig, wenn sie dich vorher schon entdecken würden. Denen würde ja jeglicher Kampfgeist ausgehen!«

Franziska sieht sie verständnislos an.

»Na ja, wenn die wüssten, was für 'ne Niete wir am Start haben«, dabei nickt sie in meine Richtung, »würden die doch gar nicht erst antreten!«

Franziska zieht die Augenbrauen zusammen und wirft mir einen fragenden Blick zu.

»Das ist Katlen. Sie hat ein Problem mit mir. Oder mit sich selber? Bin noch nicht dahintergekommen«, sage ich und mache einen verunglückten Köpper.

Als ich auf der anderen Seite des Pools wieder auftauche, höre ich Samira rufen: »Du musst beim Abstoßen noch mehr in die Knie gehen. Los, mach's noch mal.«

Eilig schwimme ich wieder zu ihr hinüber und hieve mich aus dem Wasser. Doch bevor ich mich wieder hineinstürze, sehe ich Franziska fragend an: »Sag mal, was machst du überhaupt hier? Musst du nicht auf der Alm sein?«

»Ich habe heute meinen freien Tag und wollte fragen, ob du Lust hast auf Café, Kino … oder weiß nicht was.«

»Total gerne. Aber ich hab jetzt noch Schwimmtraining und nachher zwei Stunden Franz-Nachhilfe. Ist halb drei auch okay?«

»Super okay! – Kann ich noch ein bisschen hierbleiben und zugucken?«

»Sicher«, sage ich erfreut und drehe mich um, um erneut zum Sprung anzusetzen.

»Halt! Warte mal.« Samira drückt meinen Rücken tiefer runter und automatisch gehe ich mehr in die Knie. Dann deutet sie auf meine Füße. »Kräftig abstoßen und weit abspringen, guck mal, soooooo!«

Ohne viele Wasserspritzer und wirklich weit vom Beckenrand entfernt, kommt Samira wieder hoch.

Das kann ich auch. Ich mache, wie von Samira befohlen, und tauche etwas vor ihr auf. »Bin nicht ganz so weit gekommen!«, huste ich etwas Wasser aus der Lunge.

»Nee, aber war schon ganz gut. Du musst noch mehr Kraft in den Beinen bekommen. Dann kannst du dich auch noch besser abstoßen. Joggen wäre nicht schlecht.«

»Ich jogge auch«, ruft Franziska, »wir können ja mal zusammen laufen!«

Katlen baut sich am Beckenrand auf. »Sag mal, Princess, hast du die Statisten hier bezahlt? Du willst mir doch nicht erzählen, dass es Menschen gibt, die sich freiwillig mit dir abgeben.«

Abrupt dreht Franziska ihren Kopf in Katlens Richtung. »Apropos Statisten. Anscheinend führst du hier die Regie? Dann kümmere dich doch bitte mal darum, dass nicht immer so unqualifizierte Äußerungen aus dem Publikum kommen. Dich eingeschlossen.«

Katlen lässt sich wortlos wieder auf ihren Liegestuhl plumpsen. Sollte Franziska sie tatsächlich mundtot gemacht haben? Auf einmal macht sie ein beleidigtes »Ph« und bleibt so lange liegen, bis Madame Aubry kommt und das Training beginnt. Währenddessen haben Samira und ich mindestens fünfzehn Kopfsprünge geübt und, oh Wunder, sie werden von Mal zu Mal besser.

Madame Aubry betrachtet wohlwollend meinen Badeanzug. »Wer will zuerst?«

Katlen, Samira, Wiebke, Jane, zwei andere Mädchen und ich reißen die Arme in die Luft. Madame nimmt die

Brille ab und sieht uns alle eingehend an. Es hat den Anschein, dass sie ohne Brille viel tiefer in uns hinein sehen kann.

»Bien, alors, allez, allez!«

Mit Propellern im Bauch klettere ich auf den Startblock und hoffe, dass ich jetzt nicht vorher bereits zu lange geübt habe und mich gleich die Kraft verlässt.

»Zieh dich warm an, Princess«, zischt Katlen mir drohend zu.

»Wenn ich so reinspringe, wie du's mir gezeigt hast, Samira, dann kriege ich auch gar keine Kopfschmerzen!«, sage ich, nachdem ich gerade am Beckenrand angeschlagen habe.

Samira nickt erfreut. »Du hast das richtig gut gemacht. Wenn du willst, können wir morgen vor dem Training weiterüben!«

»Gerne«, sage ich und strahle sie an.

Den Gesichtsausdruck von Madame Aubry kann ich nicht deuten. Ihr Pokerface macht es mir schwer, hinter ihre Fassade zu blicken.

Franziska hat die ganze Zeit beim Training zugeschaut und Katlen hat keinen Ton mehr gesagt, das tat richtig gut. Als ich aus dem Wasser steige, stelle ich mich neben Franziska und schüttle mich wie ein nasser Pudel.

»Hey, super, wie eine Dusche. Ist nämlich ganz schön heiß heute! – Ich düse jetzt. Will mal gucken, wann der Bus fährt. Die haben nämlich ab heute andere Zeiten. Sommerfahrplan. Soll ich dich nachher abholen?«, schlägt Franziska vor.

»Das wäre toll«, strahle ich sie an und bin richtig froh, dass ich mit dem Zug und nicht mit dem Flieger gekommen bin, sonst hätte ich sie ja niemals kennengelernt.

Wie wäre das wohl, wenn Franziska meine Freundin würde? Soll ich sie nachher mal fragen, oder ist das doof? Fragt man das überhaupt? Keine Ahnung. Aber ich mag sie sehr und es ist ein schönes Gefühl gewesen, als sie heute hier einfach so aufgetaucht ist, mich gegen Katlen verteidigt hat und dann auch noch vorgeschlagen hat, dass wir heute Nachmittag etwas zusammen unternehmen. Bei ihr habe ich auch nie das Bedürfnis, ihr zu imponieren. So wie bei den anderen eben. Ich mag das ja selber irgendwie nicht, wenn ich dann so bin, aber es flutscht mir einfach oft so raus. Vielleicht, weil ich will, dass sie mich mögen, wenn sie wissen, was ich alles Tolles gesehen habe und dass mein Vater ein Unternehmen hat. Obwohl ich das dann eigentlich auch wieder doof finde, dass mich einige nur deswegen mögen, aber irgendwie ist es auch schön, wenn sie mich ein bisschen anhimmeln. Verena sagt immer, dass sie deswegen auch keine Freundinnen hat, eben aus demselben Grund, weil alle nur mit ihr befreundet sein wollen, weil sie so reich ist. Nur … was mich wundert ist, dass viele der Mädchen hier wahrscheinlich genauso viel Geld haben oder noch mehr und trotzdem Freundinnen werden und sich verstehen. Bisher habe ich mir nicht die Mühe gemacht herauszufinden, woran das liegt. Und eigentlich habe ich auch noch niemanden wirklich protzen oder prahlen hören. Außer mir …

Die anderen ziehen sich langsam an und ich starre noch eine Weile aufs Wasser. Samira steht neben mir.

»Seltsam, zu Hause haben wir auch einen Pool, aber ich bin noch nie reingegangen. Früher mal, als ich klein war …«, sinniere ich laut.

»Princess!«, höre ich plötzlich Katlen hinter mir, »Hut ab, den Pool hast du wieder mal geschickt eingeflochten.«

Wiebke taucht ebenfalls auf und ich sehe, wie sie Katlen mit dem Ellenbogen in die Rippen stößt: »Wahrscheinlich haut die hier auf die nur auf die Kacke. Wetten, bei der zu Hause gibt's nur Butter und Brot«, provoziert sie mich.

»Ihr könnt ja im Internet nachgucken. *Socks & Stockings* in Bödefeld. Das sind wir, also mein Vater!«, sage ich mit stolzgeschwellter Brust.

Samira verzieht das Gesicht, sieht mich durchdringend an, seufzt, dreht sich um und geht.

Nach dem Mittagessen ist Nachhilfe. Seit ich vorbereitet zum Unterricht komme, klappt das sogar richtig gut. Heute hat Madame Aubry mich sogar das erste Mal gelobt und stolz stakse ich am Sekretariat vorbei.

In dem Moment steckt die Sekretärin den Kopf zur Tür heraus. »Il y'avais une coup de téléphone pour vous.«

Ach, bestimmt Verena.

»Un Luis Berger«, sagt sie und drückt mir einen Zettel in die Hand. »Tenez son numéro de téléphone!«

Verklärt nehme ich das Stück Papier entgegen und stecke es schnell in die Hosentasche, so, als dürfte es keiner sehen. Eilig laufe ich hinunter zum Pool. Glück gehabt. Es ist niemand ist da. Ich schlüpfe aus meinen Flipflops, lasse die Beine ins Wasser baumeln, zücke mein neues

Handy, das hier unten funktioniert, und wähle Franziskas Nummer.

»Duhu!«

»Ja!«

»Ich muss mal mit dir reden.«

»Jetzt? Oder nachher? Da sehen wir uns doch sowieso!«

»Jetzt!«

»Schieß los!«

»Ich habe einen Jungen kennengelernt. Und …«

Sie unterbricht mich nicht. Mama wäre mir sofort ins Wort gefallen, um alles über ihn, seine Eltern und deren Einkommensverhältnisse wissen zu wollen.

Ich rede also weiter. »Na ja, ich habe da gerade so eine schlechte Erfahrung zu Hause gemacht. Ich glaube, dass war auch irgendwie mein Fehler. Aber ich bin mir da nicht so sicher, weil meine Mutter meinte, dass …«

Dann erzähle ich Franziska ausführlich, was geschehen ist. Mit Maik und mit der Abfuhr, die er mir erteilt hat und ich Tom.

»Wo bist du jetzt, Tasha?«

»Wieder am Pool unten.«

»Ich komm einfach jetzt schon vorbei, okay?«

»Danke!«

Bis sie da ist, beobachte ich die Wasserläufer und finde, dass man hier unten so richtig gut entspannen kann. Am liebsten würde ich jetzt eine Runde schwimmen. Das Wasser sieht so samtig aus und außerdem hätte ich den Pool jetzt ganz für mich alleine. Morgen übe ich wieder, bevor die anderen kommen, nehme ich mir vor. Das war richtig toll heute früh. Blöd, dass ich Luis vorgemacht habe, ich wäre so eine tolle Sportskanone. Diese dämliche Katlen hat mich echt dazu gebracht, eine Lügnerin zu werden. Aber wie soll ich das jetzt wieder aufklären? Soll ich Luis sagen: Du, ich habe angegeben, weil ich bei dir die Nummer eins sein wollte? Wie doof ist das denn?!

»Da hilft nur eins«, sagt Franziska mir eine Viertelstunde später. »Du musst üben, üben, üben!«

»Witzig«, verziehe ich meinen Mund zu einem gequälten Grinsen. »Das waren Madame Aubrys Worte in meiner ersten Franz-Nachhilfestunde!«

»Und, hat es was gebracht?«

Nachdenklich lege ich den Kopf schief. »Ja, tatsächlich.«

»Und, was ist das für ein Gefühl?«

»Ein gutes!«

»Weil?«, hakt sie nach.

»Weil ich es mir selbst erarbeitet habe«, kommt mir die Erleuchtung.

»Mit dem Schwimmen ist es genauso. Ganz bestimmt. Das ist reine Übungs- und Konditionssache.«

»Phhhhhhhhhhhhhhhh«, lasse ich die Luft raus und sacke in mich zusammen.

»Wirst sehen, das ist ein tolles Gefühl, wenn du an der blöden Pute von heute Morgen vorbeikraulst.«

An Katlen. Meiner selbst ernannten Rivalin. Sie will es ja nicht anders. Im Geiste sehe ich mich mit der olympischen Fackel durch durch Château-d'Oex laufen.

»Genau, der werde ich's zeigen.«

Zuversichtlich drücke ich meinen Rücken durch, den

Franziska mir soeben gestärkt hat. Ich bin froh, dass ich Verena nicht angerufen habe, um ihr von Luis zu erzählen. Selbst wenn sie sich meldet, werde ich standhaft bleiben. Kein Wort wird über meine Lippen kommen, denn es ist toll, das Geheimnis mit Franziska zu teilen.

»So, und jetzt fahren wir und unterwegs erzählst du mir noch von Luis, wenn du magst, okay?«, schlägt sie vor.

Vorsichtig drücke ich ihre Hand. »Okay!«

So ist das also, wenn man eine Freundin hat, denke ich und freue mich, dass Franziska mich anscheinend auch gerne hat.

Wir fahren mit dem alten Postbus durch die Dorfstraßen und ich staune, dass ich schon fast zwei Wochen hier und noch nie bis in das nächstgrößere Städtchen gekommen bin. Als wir vorhin los sind, habe ich mir noch schnell den einen Notfall-Fünfhunderter eingesteckt. Man weiß ja nie, vielleicht finde ich ja was Nettes beim Shoppen.

»Wow«, staune ich, da liegt das Paradies so greifbar nah und ich wusste das nicht. Hier gibt's die tollsten Designerläden. Mit offenen Augen laufe ich an den Schaufenstern vorbei und staune über die Auslagen.

»Das ist ja richtig schick hier!«

»Ja, Gstaad ist sehr edel. Hier machen viele berühmte Leute Urlaub!«

»Stimmt, davon hab ich schon oft gelesen, aber mir war gar nicht bewusst, dass der Ort in der Nähe liegt!«

»Ich glaube«, lacht Franziska, »dir war gar nicht wirklich bewusst, wo du dich überhaupt befindest. Du hast dich in den Zug gesetzt und gut war's.«

Da ist was dran.

»Ich wollte ja auch gar nicht hierher.« Schmollend schiebe ich meine Unterlippe vor. »Aber mein Vater hat mich gezwungen.«

»Mich hat noch nie jemand zu irgendetwas gezwungen. Komische Vorstellung. Außerdem würde ich immer wieder freiwillig hier herkommen. Los, da vorne ist die tollste Confiserie der Stadt«, zieht sie mich mit, »ich lad dich ein.«

Die Kuchenauswahl an der Theke, die mehr wie kleine Kunstwerke aussieht, übersteigt alles, was ich mir bisher vorstellen konnte. »Das sieht genial aus.«

»Tante Martha und ich haben in den letzten fünf Jahren ALLE durchprobiert«, deutet sie mit dem Finger auf die Auslage, »und glaube mir, Crème Napoléon ist die Beste! Willst du eine Latte Nougette dazu?«

»Auf jeden Fall«, klinge ich bestimmt und kichere dann. »Ich weiß zwar nicht, was das ist, aber es klingt gut!«

Wir suchen uns einen Fensterplatz. Von dort haben wir einen schönen Blick auf die Geschäftsstraße und die Berge im Hintergrund. Nachdem die Kellnerin unsere bestellten Sachen serviert hat, teile ich den Napoléon prompt in zwei Hälften. Eine davon lege ich Franziska ungefragt auf den Teller.

»Ich schaffe immer nur die Hälfte!«, erkläre ich mein Handeln.

»Dein Pech!« Grinsend piekst sie mit der Gabel hinein und zieht es in einem Rutsch auf ihren Teller, als könne ich es ihr wieder wegnehmen. »Ich bin nicht so für halbe Sachen, weißt du? Entweder ganz oder gar nicht!«, nuschelt sie und schließt die Augen, als sie sich ein Stück meiner Torte in den Mund schiebt.

»Aber wie kann man dabei so schlank bleiben?«, stütze ich den Kopf auf meine Hände und betrachte ihre tolle Figur.

»Sport und Schlemmen!«

»*Das* ist das Rezept?« Erstaunt hebe ich den Kopf.

»Für mich schon. Ich will nämlich beim Essen kein schlechtes Gewissen haben. Ist doch blöd, wie soll man dann genießen?!«

»Kann ich sowieso nicht!«, behaupte ich felsenfest.

»Was?«

»Na ja, genießen. Ich habe ständig ein schlechtes Gewissen. Immer, wenn ich so was wie das hier jetzt esse«, dabei zeige ich auf die köstliche Auslage in der Kuchenvitrine, »sagt Verena zu mir: ›Denk dran Püppi, nur drei Sekunden im Mund, aber drei Jahre auf den Hüften.‹ Sie isst meist Sachen, die ihr gar nicht schmecken, aber wenig Kalorien haben.«

»Das wäre nichts für mich«, schüttelt Franziska verständnislos blickend den Kopf, »Wieso sollte ich was essen, was mir nicht schmeckt? Ist doch Quatsch. Dann lieber weniger, aber dafür schmackhaft. Sag mal, wer ist denn eigentlich Verena?«

»Meine Mutter!«

»Du nennst sie beim Vornamen?«

»Ja, sie möchte das. Sie findet es schicker, sagt sie, aber ich glaube, sie kommt sich alt vor, wenn ich Mami zu ihr sage.«

»Wie findest du das?«

»Kann mich nur schwer dran gewöhnen«, zucke ich mit den Schultern.

»Treibt deine Mutter Sport?«

»Nein, sie findet, Sport ist Mord und die Frauen verlören dabei ihre Weiblichkeit!«

Franziska verschluckt sich fast an dem letzten Stück Napoléon. »'tschuldige, nichts gegen dein Mutter, aber so'n Quatsch habe ich ja noch nie gehört.« Dann kratzt sie die restliche Crème mit der Gabel vom Teller und leckt sie genüsslich ab, bevor sie sich zufrieden auf dem Stuhl zurücklehnt. »Wie findet sie eigentlich, dass du hier bist?«

Dann erzähle ich Franziska die ganze Geschichte. Wieso ich hier bin und warum ich mich so verloren fühle und so wütend bin, dass mein Vater einfach so entschieden hat.

Nach meinem Redeflash sieht Franziska mich durchdringend an. »Was du mir da grad alles erzählt hast, so von deinen Eltern, und warum du hier bist und so, da finde ich es ehrlich gesagt klasse, wie dein Vater reagiert hat. Hätte er dich nicht hierhergeschickt, würdest du die Nachprüfung wahrscheinlich gar nicht bestehen. Außerdem hätten wir uns dann nie kennengelernt.« Nachdenklich dreht sie das Ende ihres Zopfes. »Und vermutlich ist etwas Abstand von deiner Mutter gar nicht so schlecht. Aber das kann ich natürlich nicht beurteilen.«

Das mag ich so an ihr. Sie urteilt nicht, aber sie gibt ihre ehrliche Meinung ab, wenn man sie fragt.

»Klingt das für dich auch nach Affenliebe?«, frage ich unsicher.

»Mmh, ja ein bisschen schon. Vielleicht – oder bestimmt

sogar – ist es gesünder, sich mit Gleichaltrigen abzugeben. Man erlebt Dinge … ähnlicher. Deine Mutter hat diese Lebensphase, in der du jetzt steckst, ja schon durchgemacht. Sie kann also nur rückblickend bewerten.«

»Ja, aber sie ist doch viel reifer und erfahrener. Deshalb finde ich ihre Meinung ja so wichtig!«

»Aber die Zeiten haben sich geändert. Als deine Mutter jung war, waren vielleicht andere Sachen wichtig. Und überhaupt ist doch in erster Linie nur deine *eigene* Meinung wichtig. Man tauscht sich mit einer Freundin auch irgendwie anders aus. Eine Mutter wird schnell so, na ja, sagen wir mal bevormundend.«

»Du meinst damit, sie könnte einen zu stark beeinflussen?«

»Mmh, das kann eine Freundin auch. Aber weil sie gerade in einer ähnlichen Lebenslage ist, kann sie dich vielleicht besser verstehen.«

»Weißt du, was ich wirklich nicht kapiere, ist, wie Verena die Jungen bewertet, die ich kennenlerne. In erster Linie ist ihr wichtig, was sie machen, also beruflich, und wie ihr Elternhaus ist, ob sie betucht sind oder nicht …«

»Und dir, ist dir das auch wichtig?«

Verneinend schüttle ich den Kopf. »Überhaupt nicht. Wenn mir jemand gefällt, ist mir das komplett egal.«

»Warum wolltest du eigentlich mit Joël zum Wasserskifahren? Gefällt er dir?«, will sie wissen.

»Nein!«

Pause.

Dann schiebe ich hinterher. »Ganz ehrlich: Also … ich dachte, dass er genau der Junge ist, den meine Mutter mag. Aus gutem Hause, Student, wohlhabend … Im ersten Moment fand ich ihn auch gar nicht so uninteressant. Aber wie er so ist, so als Mensch, also seine Persönlichkeit und so, das hat mir nicht gefallen. Er wirkt so … so …« Ich suche nach dem passenden Wort. »So satt und arrogant. Zumindest kommt er so rüber, ob er jetzt wirklich so ist, das weiß ich ja eigentlich überhaupt nicht«, schränke ich meine Ausführungen ein, schließlich ist er ihr Cousin und ich möchte nichts Beleidigendes sagen.

»Ja, manchmal strahlen Menschen etwas ganz anderes aus«, sagt Franziska mit einem seltsamen Unterton.

Ich beiße mir auf die Unterlippe. »Du meinst mich?!«

»Mmh, ja!«

»Weißt du, vielleicht ist Joël ja so was wie ein Spiegelbild für mich. Er stößt mich ab, weil er die gleiche Persönlichkeit hat wie ich«, psychologisiere ich.

»Ehrlich gesagt, glaube ich gar nicht, dass ihr euch so ähnlich seid. Denn Joël ist größtenteils wirklich so, wie du ihn beschrieben hast. Aber bei dir ist das eine … ich weiß auch nicht … Fassade? Auf jeden Fall bist das nicht DU. Da bin ich mir ganz sicher, auch wenn wir uns noch gar nicht so lange kennen. Aber … vielleicht hast du deine Persönlichkeit noch gar nicht gefunden.«

Ich drehe mich zur Seite und starre aus dem Fenster. Nachdenklich, erwacht.

Als wir später im Bus sitzen, frage ich Franziska: »Dein Lippenstift ist bestimmt rund abgenutzt, oder?«

Verwirrt sieht sie mich an: »Wie kommst du denn jetzt da drauf?«

»Ich hab mal gelesen, dass Lippenstiftformen etwas über die Besitzerin aussagen«, kläre ich sie auf. »Wenn er rund abgenutzt ist, ist seine Besitzerin ein ganz toller Mensch und ein Freund, mit dem man Pferde stehlen kann. Eben jemand mit richtig guten Eigenschaften. Da stand auch was drin, das sie genial kochen kann. Siehst du, das trifft alles auf dich zu.«

»Danke fürs Kompliment«, lacht sie. »Witzig, habe ich noch nie drauf geachtet. Ich benutz nämlich kaum Lippenstifte. – Wie ist deiner?«

»Er hat exakt die Form wie der Stift meiner Mutter. Der einzige Unterschied zu ihrem ist, dass meiner immer nur halb abgenutzt ist.«

»Hat das auch eine Bedeutung?«, will Franziska wissen.

»Wahrscheinlich schon, bin ich aber noch nicht dahintergekommen«, zucke ich mit den Schultern. Dann küsse ich sie spontan auf die Wange. »Das war der schönste Nachmittag, den ich jemals hatte.«

Franziska sieht mir in die Augen. »Das ist dein Ernst, nicht wahr?«

»Ja, mein voller«, strahle ich sie an. »Witzig«, stelle ich erstaunt fest, »ich habe gar nichts gekauft.«

Sie zwinkert mir zu. »Na ja, gar nichts stimmt ja nicht ganz«, verbessert sie mich.

»Ach ja!« Schwungvoll schleudere ich meine Tüte, in der sich eine Wanderhose und Wanderschuhe befinden, durch die Luft. »Bin ich froh, dass ich den Notgroschen mithatte.«

Luis

In den nächsten Tagen sehe ich Franziska nur selten, sie hat unheimlich viel zu tun und ich auch! Schwimmtraining und Franz-Nachhilfe sind angesagt.

Mit meinem Übungsheft bewaffnet will ich mich in den Garten, der sich hinter dem Internat befindet, verdrücken. Madame Aubry hat mir anvertraut, dass es ein Ort der Ruhe sei und sie dort ein kleines Blumenbeet angelegt habe.

Als ich das Türchen in dem fast zerfallenen alten Holzzaun öffne, steigt mir ein süßlicher Duft in die Nase, der schöner ist als jedes Parfum, das Mama oder ich in unseren Badezimmerschränken haben. Dann reiße ich die Augen weit auf. Von wegen kleines Blumenbeet. Pah, das ist ein riesiger Rosengarten mit den tollsten und prächtigsten Rosen, die ich jemals gesehen habe! Bewundernd bleibe ich stehen und stecke meine Nase in jede erreichbare Blüte. Das ist wie in einem verwunschenen Schloss. Ich fühle mich fast wie Dornröschen. Begeistert lege ich mich gegenüber auf die Wiese, um diese Farbenpracht besser zu bestaunen. Dabei wird mir so langsam klar, dass Natur pur besser sein kann als jeder Stadtbummel.

Umständlich fummele ich den Zettel mit Luis' Telefonnummer, den ich schon seit Tagen mit mir herumtrage, aus meinem Schreibmäppchen. Irgendwie, finde ich, ist jetzt genau der richtige Moment, ihn anzurufen. Doch hier hinten habe ich keinen Empfang. Ich klettere auf ein altes, wackeliges Holzgeländer. Okay, etwas erhöht erscheinen doch noch zwei Balken auf der Anzeige. Das goldene Ding wirkt hier richtig lächerlich, stelle ich fest. Dann tippe ich ganz bewusst und langsam seine Nummer ein. Ich bin total ruhig, doch als ich seine Stimme höre, klopft mir das Herz plötzlich bis zum Hals.

»Luis Berger!«

»Hallo, hier ist Tasha!«

»Hey, das ist ja schön, dass du dich meldest«, klingt es ehrlich erfreut.

»Hat ein bisschen gedauert!«

»Kein Problem!«

In dem Moment wird die Gartentür von einem Windstoß zugeschlagen. Vor Schreck kippe ich fast vom Geländer.

»Wo bist du denn gerade?«

»In einem verwunschenen Rosengarten. Ich spiele Dornröschen«, flutscht es mir heraus und schäme mich sofort für diese kitschige Beschreibung, die ja fast wie ein Angebot klingt. So ähnlich wie: Hey, ich bin hier seit hundert Jahren eingesperrt. Komm und küss mich!

»Hört sich gut an. Bist du in einer Theater-AG?«

»Na jaaaa!«, druckse ich ein wenig herum und finde die Wahrheit so profan, dass ich das irgendwie gar nicht aufklären möchte.

»Sport, Theater … wow, du hast ja jede Menge Hobbys. Ganz schön vielseitig«, sagt er anerkennend.

Mmh, schön wär's. Außer Shoppen ist mein Leben doch ziemlich hohl und leer, fällt mir auf. Theater-AG und Sport ... das sind Dinge, die immer nur die anderen gemacht haben. Die Engagierten.

»Hast du Lust, ich wollte nachher Joggen gehen?«, fragt er.

»Mmh, ja, eigentlich schon!« Wenn der sieht, wie ich jogge, glaubt er, ich wäre Lichtjahre in der Evolution zurück. Ich muss mir schnell etwas einfallen lassen. »Aber, tja, das geht leider nicht, ich muss Französisch lernen!«

»Das kannst du doch. Wir joggen und unterhalten uns auf Französisch.«

»Klingt gut!« Ich habe total Lust, ihn zu sehen. Er ist irgendwie so erfrischend wie eine kalte Cola nach einem Sonnenbad. »Aber vielleicht hast du ja auch zu was anderem Lust!«

»Schwimmen?«, kommt es wie aus der Pistole geschossen.

Darauf war ich jetzt nicht vorbereitet. »Na jaaaaaaaaaaaa!«, dehne ich den Vokal übermäßig und überlege derweil, wie ich ihn davon abbringen kann. Denn schließlich ist das ja wohl die schlechteste Idee. Bevor der mich im Wasser sieht, muss ich noch hart trainieren. »Bis zu unserem Wettkampf sollten wir das Schwimmen lieber verschieben, sonst denkst du noch ...«

»... dass wir eh keine Chance haben, weil *du* gegen uns antrittst?!«, beendet er den Satz und lacht. »Vielleicht hast du recht, dass ist wahrscheinlich zu demotivierend für mich.«

»Ach Quatsch, so gut bin ich gar nicht!«, versuche ich meine Lüge vorsichtig zu relativieren.

»Wieder Understatement!«, neckt er mich. »Was hältst du davon, wenn ich dich einfach in einer halben Stunde vor der Schule abhole und wir ein Eis essen gehen?«

»Prima Idee! – Aber Dreiviertelstunde klingt besser. Bis dahin bin ich fertig!«

»Okay, dann lern mal schön den Text auswendig, Dornröschen, und ich jogge für dich 'ne Runde mit!«

Princess. Dornröschen. Thhh, wieso heben die mich alle in den Adelsstand?, frage ich mich verdutzt, nachdem ich aufgelegt habe. Dann beuge ich mich wieder über das Übungsheft und sauge gierig die Vokabeln auf. Es macht Spaß, wenn Madame Aubry sich über meine Fortschritte freut, und es bereitet mir auch eine diebische Freude zu sehen, dass sie langsam ihre Meinung über mich ändert. Heute hat sie die ganze Stunde auf Französisch abgehalten und ich habe erstaunlicherweise total viel verstanden. Am Ende hat sie gesagt: »Tasha, je suis très überrascht über deine Änderung. Aber es ist eine sehr angenehme Überraschung.«

Ehrlich gesagt bin ich drei Meter über dem Boden zur Tür hinausgeschwebt. Madame Aubry macht nämlich äußerst selten Komplimente, daher weiß ich das zu schätzen. Aber es macht tatsächlich Spaß, wenn man eine Sprache »begreift« und in ihr lebt. Das kann man aber, glaube ich, am besten, wenn man sich in dem Land aufhält, wo sie gesprochen wird. Nur dann bekommt man ein Gefühl dafür.

Gefühl! Puhhhh! Was ist das mit Luis? Was habe ich für

ein Gefühl für ihn? Und was ist mit den Gefühlen für Maik, die ich mal hatte?

Das ist alles total verwirrend. Ich zücke den Lippenstift aus meiner Jeans und schminke mich blind. Das klappt sogar mit Konturenstift, zum Nachziehen der Lippen brauche ich keinen Spiegel. Das ist wohl genetisch bedingt, Verena kann's nämlich auch. Die rufe ich gleich mal an. Aber nicht, weil ich mich danach fühle und Sehnsucht habe, sondern weil ich irgendwie ein schlechtes Gewissen habe, dass es nicht so ist. Es geht mir momentan richtig gut, wenn ich mal nicht mit ihr spreche. Sonderbar.

»So, weiter im Text«, sage ich laut und knie mich noch die restliche Zeit in das Französischbuch. Dabei schaue ich gar nicht auf die Uhr. Oh, nein, schon viertel vor. Luis müsste schon fast da sein, jetzt kann ich mich gar nicht mehr umziehen und stylen. Ein ungewohntes Gefühl. Normalerweise bin ich wie aus dem Ei gepellt, wenn ich ein Date habe. Verena sagt, es gibt Frauen, die sich in einer Beziehung hängen lassen. Kritisch blicke ich an mir herunter: »Na toll, bei mir fängt das schon vorher an!« Dann muss ich urplötzlich an Maik denken. Komisch, aber eigentlich war es mir egal, wie er aussah oder was er anhatte. Hauptsache, er war da. Ob es ihm wohl genauso ging?

Na ja, das werde ich nicht mehr herausfinden, es wird Maiks ewiges Geheimnis bleiben. Unvermittelt spüre ich einen Stich in der Herzgegend. Was ist das? Kann man mit siebzehn schon einen Herzinfarkt haben?

Los jetzt. Luis wartet und ich freue mich auf ihn. Sehr sogar.

Samira verbiegt sich gerade die Beine. Stretching nennt sie das. Ich finde, es sieht ziemlich bedrohlich aus. Vorsichtig schleiche ich mich von hinten an, um sie zu erschrecken. Gerade, als ich ihr mit dem Vokabelheft einen Klaps verpassen will, höre ich neben ihr jemanden sprechen.

»Das war echt Wahnsinn, Samira. Du hast mich beim Joggen total abgezogen.«

»Ja, Luis, du warst schon mal besser!«, bestätigt sie neckend.

Luis wirft sie um, als sie gerade wie ein Flamingo auf einem Bein steht, und Samira landet auf der Wiese.

»Das wirst du mir büßen!«, ruft sie und zieht ihm die Füße weg.

Lachend tollen die beiden auf dem Boden herum und kitzeln und knuffen sich.

Am liebsten würde ich weglaufen, aber ich stehe bereits so ungünstig, dass sie mich, sobald ich mich bewege, auf jeden Fall sehen werden. Und das wäre jetzt echt peinlich. Also bleibe ich stehen und überlege mir krampfhaft einen coolen Spruch für den Moment, in dem sich mich entdecken. Aber mir will immer nur einfallen, »Was sich liebt, das neckt sich«. Besser, ich renne doch weg.

»Hi, Tasha, da bist du ja!« Luis rappelt sich auf, reicht Samira die Hand, um sie hochzuziehen, und die beiden rempeln sich dabei noch einmal freundschaftlich – freundschaftlich? – an.

»Wusste gar nicht, dass ihr euch kennt!« Meine Stimme klingt eine Spur höher als gewöhnlich.

»Na ja, wir sind schon seit Jahren ein Team!«, strahlt Luis Samira an und legt den Arm um sie. Habe ich da irgendetwas übersehen? Ich habe das Gefühl, Samira wirft ihm einen beschwörenden Blick zu.

»Ach sooo!«, sage ich gedehnt und frage mich, ob sie das nur beim Joggen sind oder auch als Paar eben.

Samira windet sich aus der Umarmung. »Ich muss hoch. Wir sehen uns später!« Dann sprintet sie ins Haus und die Tür fällt laut hinter ihr ins Schloss.

»Ich bewundere Samira. Sie ist in die Schweizer Nationalmannschaft aufgenommen worden, wusstest du das?«, klärt Luis mich auf.

»Nein!« Ach, deshalb war sie beim Ausflug nicht dabei, Carla sagte ja irgendwas von Besuch oder so. Ich bin ehrlich beeindruckt. Aber nicht nur über die Tatsache, dass sie so gut ist, sondern dass sie überhaupt nicht damit geprahlt hat. »Welche Sportart?«

»Na, Schwimmen natürlich, obwohl, ja, du hast recht, eigentlich ist die Frage gar nicht so unbegründet, schließlich hat Samira ganz viele Qualitäten.«

Tolles Date, wenn der Typ nur von einer anderen schwärmt.

»Ihr kennt euch schon lange, oder?«, hake ich nach.

»Vier Jahre genau!«

»Samira ist in meinem Zimmer, in den letzten Tagen sind wir uns etwas nähergekommen. Aber sie zieht sich irgendwie auch ein bisschen zurück.«

Luis lacht laut auf. »Dasselbe hat sie von dir auch gesagt.«

Ahaaaaaa! »Was hat sie denn sonst noch so gesagt?«, versuche ich aus ihm rauszukitzeln.

»Nichts. Leider!«, schmollt er gespielt.

Okay, ich glaube ihm, denn Samira ist nicht so der Lästertyp. Gott sei Dank hat er nicht mit Katlen über mich geredet. Oh nein, wenn man vom Teufel spricht.

»Hi Luis, na, gehst du joggen?«, deutet sie auf seine Schuhe.

»Nein, ich war schon« Er schüttelt den Kopf und wischt sich sein Kinn gedankenverloren am T-Shirt trocken. Das wirkt nicht eklig, das ist sexy. So sexy, dass Katlen erst mal den obersten Knopf ihres T-Shirts öffnet, um wieder Luft zu bekommen.

»Ach so, ich dachte schon, du wolltest mit unserer Sportskanone ein Wettrennen starten.« Sie beugt sich vornüber und kriegt sich vor Lachen gar nicht mehr ein.

Schnell ziehe ich ihn weiter.

»Wieso lacht die so?«, will Luis verstört wissen.

»Die hat so eine Art Anfälle. Weiß auch nicht genau, wie das heißt, aber unter Stress fängt die immer ganz hysterisch an zu lachen. Muss was genetisch Bedingtes sein.«

Ihr Lachen hallt uns noch nach, als wir schon hinter der nächsten Häuserecke verschwunden sind.

»Mach dir nichts draus.« Luis sieht mich mit treuherzig an. »Die ist bestimmt nur neidisch, weil du schneller bist.«

»Ja, ja«, sage ich wissend, »das kenne ich.« Schließlich besteht mein ganzes Leben aus Neid. Neid von meinen Stiefschwestern, wegen Papa. Neid von meinen Schulfreunden, wegen unseres Geldes. Neid von den Mädchen, wegen meines Aussehens. Aber Neid wegen meiner Sportlichkeit, das ist neu.

Ich betrachte Luis von der Seite und bin versucht, ihm

die Wahrheit zu sagen. Aber irgendwie kann ich nicht. Es wäre so, als würde ich ihn enttäuschen. Ich entspräche nicht mehr seinem Bild. Klar, wenn ich ihm jetzt die Wahrheit sage, hält er mich eh für eine Lügnerin und Aufschneiderin, deswegen kann ich es nicht.

»Sag mal, hast du immer noch Lust auf ein Eis?«, frage ich stattdessen.

»Klar«, dann sieht er mich prüfend von der Seite an. »Oder passt das nicht in dein Trainingsprogramm!«

»Doch, doch, aber ich dachte, eine Crème Napoléon würde noch besser passen.«

»Aha, du warst also schon mal im Café Junot!«, grinst er breit.

Fünf Minuten später sitzen wir stillschweigend nebeneinander im Bus. Wie vor ein paar Tagen Franziska und ich, schießt es mir durch den Kopf, wir waren allerdings deutlich gesprächiger. Bei der nächsten Haltestelle springt Luis plötzlich hoch. »Komm, lass uns aussteigen. Ich habe eine Idee!« Er ergreift meine Hand und zieht mich hinter sich her, bis wir auf dem Parkplatz der Frazer-Montgomery-School sind. »Wir fahren mit meinem Motorrad weiter«, deutet er auf ein aerodynamisch aussehendes Zweirad in Gelb-Schwarz. »Warte, ich hole uns eben noch Helme!« Unwillig lässt er meine Hand los.

Während er auf den Haupteingang zusteuert, biegt eine Motorradclique um die Ecke. Mir wird ein wenig mulmig. Bei den behelmten Typen sind die Gesichter kaum erkennbar. Plötzlich kommt einer von ihnen direkt neben mir zum Stehen.

»Hey, was machst du denn hier?«, hallt eine Stimme dumpf aus dem Helm.

»Kennen wir uns?«, reagiere ich patzig auf die blöde Anmache.

Der Fahrer nimmt dem Helm ab. »Ich bin's, Joël!«

»Ach so!«, sage ich jetzt doch schwer erleichtert und auch die anderen Jungs sehen ohne Helme ziemlich harmlos aus.

Plötzlich erscheint Luis wieder auf der Bildfläche.

»Hi, Luis!«, grüßt Joël ihn freundlich.

»Joël!«, nickt dieser kurz.

Dann richtet sich Joël wieder an mich. »Wann holen wir unser Date eigentlich nach?«

»Ja, mhm«, druckse ich herum. »Weiß auch nicht.«

»Was ist mit diesem Wochenende?« Joël steigt vom Motorrad und gibt den anderen ein Zeichen, dass sie schon mal ins Haus vorgehen können.

Ehrlich gesagt weiß ich jetzt nicht, wer von den beiden mich erwartungsvoller ansieht, er oder Luis. »Tja, ich muss trainieren. Schließlich ist ja bald der Wettkampf«, winde ich mich heraus.

»Alle Achtung. Du nimmst das ja ganz schön ernst. Trotzdem brauchst du doch mal Abwechslung. Ich hole dich um elf Uhr ab, okay?« Ohne meine Antwort abzuwarten, dreht er sich um und folgt den anderen.

»Hier kennt auch wirklich jeder jeden!«, mault Luis genervt, drückt mir den Helm in die Hand und startet die Maschine. Umständlich steige ich auf und hocke auf dem Teil wie ein Affe auf dem Schleifstein. Verena würde die Krise kriegen, wenn sie mich jetzt so wenig damenhaft sehen könnte. Luis gibt Gas und wir brausen davon. Panisch klammere ich mich an ihm fest, doch schon nach ein paar Minuten denke ich verwundert, dass das ein supertolles Gefühl ist. So frei und sooooo schnell. Ich wünschte, ich könnte den Wind in meinem Gesicht spüren. Aber ich traue mich nicht, das Visier mit einer Hand zu öffnen.

»Bist du serpentinentauglich?«, brüllt Luis plötzlich nach hinten.

»Na klar!«, kreische ich zurück. Ich nun wieder.

Kurz vor Gstaad biegt Luis ab und auf geht's.

Als wir oben auf dem Berg ankommen, nimmt Luis meine Hand und zieht mich mit. Das scheint langsam zur Gewohnheit zu werden, denke ich schmunzelnd. Ist aber nicht im Geringsten unangenehm.

»Von hier aus hast du den besten Blick!«, deutet er auf die Landschaft unter uns.

Ich bin beeindruckt.

»Das ist so schön hier … das ist so toll … so …« Dann bleibt mir die Sprache weg.

Luis beugt sich langsam zu mir herunter. Mit den Händen öffnet er die Schnalle des Helms, den er mir jetzt vorsichtig vom Kopf zieht. Ich habe einen riesigen Kloß im Hals und schweißnasse Hände, als sich seine Lippen meinem Mund nähern.

Die Berührung ist so sanft, dass ich gar nicht anders kann, als meinen Mund leicht zu öffnen. Plötzlich taucht Verena vor meinem inneren Auge auf. *Weißt du, was seine Eltern machen? Wo er herkommt? Ich meine, aus welchem Stall ist der denn überhaupt?*

»Sag mal«, frage ich dusslige Kuh ihn dann tatsächlich prompt, »was machen eigentlich deine Eltern?«

Irritiert starrt er mich an.

»Ach, vergiss es, mach einfach weiter, wo du gerade aufgehört hast!«

Luis nimmt mein Gesicht in beide Hände und ich finde, jeder Filmkuss, den ich jemals gesehen habe, könnte sich hiervon eine Scheibe abschneiden. Dann … finde ich gar nichts mehr. Wie in Trance küssen wir uns weiter und es ist so, als saugten wir uns gegenseitig auf. Ich kann gar nicht genug davon kriegen. Seine Hände streicheln meinen Rücken und die Stellen, wo er mich berührt, glühen förmlich.

»Ist das okay für dich?«, fragt er, als er mich runter auf die Wiese zieht.

Als Antwort kommt nur ein verzückter Seufzer und schon kleben unsere Lippen wieder aufeinander. Sein Körper zieht meinen an wie ein Magnet.

Volles Programm

»Hey, neue Laufschuhe?« Samira setzt zum Spurt an.

»Ja, der Typ im Sportgeschäft hat mich sogar getestet. Musste auf so ein Laufband. Hab 'nen neutralen Gang, hat er gesagt und mir dann diese Hyper-Sneaker hier verpasst.«

»Ja, die sind gut«, nickt sie anerkennend und fügt hinzu: »Richtig was für Pofis!«

Aha. Da war doch grad so ein Unterton. Der ist neu. Zumindest von Samira bin ich ihn nicht gewohnt.

Piep, Piep. Eine SMS.

»Willst du joggen oder telefonieren?«, fragt sie spitz, als ich das Handy aus der Hosentasche ziehe.

Als Antwort stecke ich es wieder zurück.

Eine Viertelstunde joggen wir wortlos nebeneinander her. Ich, weil ich gar nicht mehr sprechen kann vor lauter Atemlosigkeit, und Samira, weil sie nachdenkt. Man sieht das an ihrer gerunzelten Stirn, die Falten wirft wie eine Ado-Gardine.

»Wie war's denn gestern mit Luis?«, fragt sie scheinbar teilnahmslos.

Aha. Daher weht der Wind.

»Total nett.«

»Freut mich!«

Klingt aber nicht so, denke ich.

»Der hat ganz schön von dir geschwärmt«, vertraue ich ihr hechelnd an.

»Ehrlich?«, fragt sie ungläubig.

»Ja, und er hat mir auch von deiner Aufnahme in die Schweizer Nationalmannschaft erzählt«, stoße ich hervor.

»Hat er?« Ihre Augen verziehen sich zu kleinen Schlitzen. Dieser Gedanke scheint ihr nicht zu gefallen.

»Mmh«, bestätige ich. »Luis war beeindruckt.« So, mehr kann ich beim besten Willen nicht sagen, das war mein letzter Rest Sauerstoff.

»Ja, bei Luis steht der Sport ganz oben an der Spitze. Ich glaube, der könnte nie mit einer unsportlichen Person zusammen sein!«

»Bezieht sich das auf mich?«, quietsche ich mit letzter Kraft.

Als Antwort zieht sie das Tempo ein wenig an.

Mit zusammengekniffenen Lippen versuche ich Schritt zu halten. Doch das ist unmöglich. Samira ist einfach viel zu schnell für mich.

Und jetzt zieht auch noch Wiebke blöd kichernd an mir vorbei. An ihrer Seite joggt anstatt der fürchterlichen Katlen eine andere Schülerin aus dem Internat. Komisch, bisher habe ich sie noch nie ohne meinen wahr gewordenen Albtraum gesehen. Wäre ja schön, wenn die sich in die Haare gekriegt hätten. Gehässig lache ich in mich hinein.

»Na, Princess? Vielleicht solltest du es mal mit Synchronschwimmen versuchen«, lässt Wiebke im Vorbeiflug verlauten.

Keuchend lasse ich mich auf einen Stein fallen. »Ja«, hechle ich nun völlig aus der Puste. »Vielleicht sollte ich das wirklich«, sage ich laut zu mir selbst. Schließlich haben meine Stiefschwestern mir auch schon einmal diese Empfehlung gegeben.

Samira joggt auf der Stelle und wartet in zwanzig Meter Entfernung auf mich.

Ich winke ab. »Lauf nur, ich brauch mal eine Pause!«

Nachdem alle weg sind, checke ich schnell meine SMSen. Mein Herz klopft bis zum Hals.

Tante Martha gibt heute ein großes Essen. Du bist auch eingeladen. Habe zwei Tage nichts von Dir gehört, alles o.k.?

Enttäuscht, dass die Nachricht nicht von Luis ist, stecke ich das Handy wieder in die Tasche. Dann zücke ich es erneut. Vielleicht habe ich ja doch den Eingang seiner SMS verpasst, überhört, übersehen? Ich starre auf das Display.

Nein! Nichts! Blöd!

Schnell tippe ich eine Antwort-SMS an Franziska.

Komme gerne. Bis 19 Uhr Nachhilfe. Danach dann. Danke für die Einladung! Tasha

Oder ist jetzt doch eine SMS gekommen? Erneut überprüfe ich den Ordner *Eingang*. Immer noch nichts. Komisch, dass er sich nicht gemeldet hat. Oder sollte ich einfach mal anrufen? Ach was, Frauen machen so was nicht, sagt Verena immer. Aber seltsam ist es trotzdem. Nach meiner Erfahrung mit Maik bin ich doch irgendwie ein bisschen verunsichert. Dabei glaube ich nicht, dass Luis der Typ ist, der Trophäen sammelt. Außer im Sport. Mit schmerzendem Rücken quäle ich mich vom Stein hoch. »Wofür mache ich das eigentlich alles?«

Mein Handy klingelt. Schnell checke ich, wer dran ist. Verena.

»Püppi, Liebes, wir machen uns erhebliche Sorgen. Warum meldest du dich denn nicht? Ach Kind, ich vermisse dich ja so. Bald ist dein Geburtstag und wir können nicht bei dir sein. Aber ich habe Papi schon das Versprechen abgenommen, dass wir im *Callas* nachfeiern. Das ist ja wohl das Mindeste, was er machen kann. Nach allem, was er dir angetan hat«, schnieft Verena.

»Wieso, was hat er mir denn angetan?«

»Na jaaaa, beim letzten Telefonat hörtest du dich schon sehr verzweifelt an. Ehrlich gesagt hatte ich schon die Koffer gepackt, um zu dir zu fliegen, aber Papi hat gesagt, er lässt sich scheiden, wenn ich das tue!«

Jetzt muss ich aber doch grinsen. Über Verena und ihre Theatralik und über Papi, der ihr plötzlich droht, weil er eigentlich nur Angst um mein Seelenheil hat. Komisch, dass er meine eigene Mutter von mir fernhält. Es verunsichert und … tut gut!

»Geht's dir denn jetzt gut?«

»Ja, Verena.«

»Ha«, seufzt sie laut, »du weißt gar nicht, was für Sorgen ich mir gemacht habe.«

»Verena, alles ist gut … ich …«

»Und, unternimmst du viel mit deinen Freundinnen?«

»Ja. Mit einer.«

»Wo kommt sie her?«, fragt sie mit ihrem üblichen abschätzenden Ton.

»Äh, also, das weiß ich eigentlich gar nicht so genau.«

»Was machen ihre Eltern?«

»Ihr Vater ist tot. Sie lebt bei ihrer Mutter und arbeitet hier auf einer Berghütte in der Küche, um Geld für ihr Studium zu verdienen!«

»Das verstehe ich jetzt aber nicht.«

»Sie ist nicht im Internat, ich habe sie im Zug kennengelernt, als ich versehentlich in der zweiten Klasse gelandet bin.«

»Tasha«, sagt sie mehrdeutig eindeutig, »du musst dich doch nicht mit der zweiten Klasse abgeben!«

»Jaaaa, Verena, ich weiß! Aber Franziska ist ein ganz toller Mensch!«

»Orientier dich doch lieber an deinen Mitschülerinnen im Sommercamp!«

»Ich orientier mich lieber an denen, die ich nett finde. So, Verena, ich muss jetzt weiterjoggen!«

»Du joggst?«, fragt sie ungläubig.

»Ja, wir haben nämlich am Wochenende einen Schwimmwettkampf und dafür muss ich fit sein!«

»Tasha ...«

Ich höre Papa im Hintergrund reden.

»Pass auf dich auf. Und ... ja, ja, nun warte doch. Unverschämt ist das!«, zetert Verena.

»Bin ich froh, dass du nicht überall Empfang hast«, sagt Papa ironisch. Das geht wohl mehr an Verena. »Ich habe das Gefühl, es geht dir gut. Ist das richtig?«

»Völlig richtig!«

»Gut, meine Kleine, dann jogg mal weiter. Wohin läufst du denn?«

»In mein neues Leben!«, sage ich unvermittelt und bin erstaunt über meine eigene Aussage.

Ich kann Papis Schmunzeln hören, sehen und spüren.

»Ich hab dich lieb!«, sagt er.

»Ich dich auch!«

Und dann renne ich wirklich los. Wie eine Geisteskranke laufe ich. Schnell, immer schneller, kriege Seitenstiche, halte mir die Hüfte, renne, bleibe stehen, keuche erschöpft und renne wieder weiter. Schweißgebadet stehe ich plötzlich irgendwann vor dem Jungen-Internat. Unvermittelt verstecke ich mich hinter einem Busch, als plötzlich ein paar Schüler aus dem Haupteingang kommen. Und dann sehe ich ihn. Luis. Mein Herz schlägt schneller. Ist das jetzt blöd, wenn er mich jetzt hier sieht?

Ich beobachte, wie er zu seinem Motorrad hinübergeht. Er freut sich bestimmt. Also spurte ich zu ihm hinüber.

»Mensch, Tasha. Du siehst ja toll aus. So … so … sportlich«, klingt er verlegen. Wahrscheinlich weiß er nicht, wie er mich nach gestern begrüßen soll, vermute ich und gerade, als ich mich vorbeugen will, um ihn zu küssen, werde ich unsanft zurückgezogen.

»Tja, Princess, starkes Outfit, nur leider habe ich Luis gerade mal auf die richtige Spur gebracht.«

Luis sieht verlegen von mir zu Katlen.

Aha.

Ich verschränke die Arme vor der Brust und blicke Katlen erwartungsvoll an: »Dann schieß mal los!«

»Na ja, dass deine arrogante Art dich im ganzen Internat zum Outlaw gemacht hat, hatte ich bis jetzt noch verschwiegen, als ich Luis heute früh zufällig getroffen habe …«

Mhm, ist klar. Zufällig!

»Da hat er mir begeistert von deiner Marathonkarriere erzählt, von deiner Theater-AG im Internat und weitere dubiose Dinge. Hattest wohl Märchenstunde, Princess, was? Du keuchst ja schon, wenn du die Treppenstufen im Internat raufschleichst. Und welche Theater-AG denn eigentlich, Dornröschen?«

Luis wird rot. Er hat also auch geplaudert. Denn woher sollte sie das mit dem Dornröschen sonst wissen? Er ist ... wie Maik. Was sind das nur alles für Arschlöcher! Am besten hätte ich Joël genommen, der verstellt sich wenigstens nicht. Der outet sich gleich als Idiot.

»Stimmt das, Tasha? Hast du gelogen?«, fragt mich Luis mit diesem moralinsauren Unterton.

Ich starre immer noch Katlen an, die sich ungeniert an Luis lehnt. Anstatt seine Frage zu beantworten, schieße ich zurück. »Wenn du *ihr* glaubst und nicht mir, Luis, dann bist du es sowieso nicht wert.«

Verunsichert tritt er einen Schritt vor. »Das mit dem Marathon, dem Paragliding, der Theater-AG, stimmt das? Oder hast du gelogen?«

Mit geballten Fäusten stehe ich da.

»Hast du gelogen, Tasha?«, fragt er erneut.

»Nein!«, brülle ich erbost. Dann drehe ich mich um und diesmal holt mich wirklich keiner ein. Die sollen den Staub schlucken, den ich aufwirble. Die beiden können mich doch mal kreuzweise. Die passen zusammen wie Arsch auf Eimer, die ... die sind doch das Letzte.

Auf meinem Weg kommt mir Carla entgegen. Als sie mein wutentbranntes Gesicht sieht, fragt sie besorgt: »Tasha, was ist los? Du bist ja total außer dir! Komm, ich mach dir einen Tee und du erzählst mir, was los ist.«

Ihre bemutternde Art nervt mich plötzlich und ich weiß, dass mir jetzt nur noch eine helfen kann. Wortlos ziehe ich an ihr vorbei.

Wütend hämmere ich mit dem Eisenteil gegen Franziskas Tür.

»Hey, du bist ja schon da!«, ruft sie erfreut.

»Ich … ich brauche deinen Rat!«, hechle ich.

Franziska schleust mich durch das Haus in ihr Zimmer. Die ersten Gäste tummeln sich bereits in der Küche.

Im Schnelldurchlauf erzählte ich ihr, was passiert ist.

»Du musst ihm die Wahrheit sagen«, empfiehlt sie mir spontan.

»Kann ich nicht! Nicht mehr. Ich habe ihn angebrüllt, als er mich fragte, ob ich gelogen hätte.«

»Was hast du denn geschrien?«

»NEIN! Ich habe Nein geschrien.«

»Warum?«

»Weil ich nicht wollte, dass … dass er schlecht von mir denkt. Dass er mich für eine Nullnummer hält.«

»Du wolltest ihm imponieren, oder?«, vermutet sie richtig.

Seufzend nicke ich. Sie hat mich verstanden. Franziska hört einfach tiefer rein. Dann stütze ich die Arme auf und lege meinen Kopf auf die Hände. »Ich kann einfach nicht! Ich kann es ihm nicht sagen, nicht nachdem ich mich gerade so aufgeführt habe.«

»Eine andere Chance hast du aber nicht!«

Schweigen.

»Oder vielleicht doch ...«, kräuselt sie auf einmal ihre Nase.

Neugierig fahre ich hoch.

»Okay, meine Meinung zum Lügen brauche ich dir nicht mehr darzulegen. Gegessen. – Ich klinke jetzt mal den Moralapostel in mir aus. Es gibt nur eine Möglichkeit.«

»Die da lautet?«, frage ich erwartungsvoll.

»Du musst du es ihnen beweisen!«

Resigniert sacke ich wieder in mich zusammen. »Das ist zwecklos, Franziska, du hast doch gesehen, was für eine Niete ich bin. Wie soll ich es schaffen, einen Wettkampf auszutragen, ohne vorher abzusaufen?«

»Streng dich an. Beweise es ihnen. Beweise es dir!«

»Dann sage ich doch lieber die Wahrheit«, starre ich verzweifelt aus dem Fenster.

»Wie du meinst«, sagt sie hintergründig und ich glaube, sie weiß bereits eher als ich, wie ich mich entscheide.

Immer noch blicke ich hinaus. Mensch, denke ich, ich habe doch auch diesen blöden Berg da bezwungen. In Chucks. Das hätte ich ja genauso wenig erwartet. Franziska hat recht. Es ist die einzige Chance. Denn ich kann nicht mehr zurück. Gut, das mit der Theater-AG lässt sich erklären, da kann ich ja sagen, ich hätte für eine Aufführung zu Hause geprobt. Schließlich kann ich jetzt nicht noch kurzfristig eine gründen. Jetzt ist Franz-Pauken und Schwimmtraining angesagt. Also, volles Programm.

An der Tür drehe ich mich noch einmal um. Dann gehe ich zwei Schritte wieder zurück auf sie zu. Küsse sie schmatzend auf die Wange. »Bis nachher!«

Triumphierend steht Katlen neben mir, als ich im Speisesaal stehe und mich für das Abendessen heute abmelde.

»Na, dir ist wohl der Appetit vergangen, was?«, bohrt sie tiefer in der Wunde.

»Nö, nicht im Geringsten«, tue ich gleichgültig. Sie soll nicht das Gefühl bekommen, sie hätte mich besiegt. »Bin gleich auf 'ne Party eingeladen.«

»Tssssss«, zischt sie wie eine grüne Viper, »wer's glaubt.« Hoch erhobenen Hauptes stolziert sie an mir vorbei. »Princess von Münchhausen!«

Freudig stürme ich nach oben auf mein Zimmer und hoffe irgendwie, auf Samira oder Carla zu treffen. Gott sei Dank, wenigstens ist Carla da.

»Wieder gut?«, spielt sie auf meinen Ausbruch vorhin an.

»Ja, besser.«

Dann sehe ich in ihre warmen braunen Augen. Carla verstellt sich nicht. Sie ist einfach lieb, nett und hilfsbereit und ihre sanfte Art ist schon sehr beruhigend.

»Wo ist Samira?«, blicke ich mich suchend um.

»Keine Ahnung«, zuckt sie mit den Schultern. »Ich hab sie heute noch gar nicht gesehen!«

»Wenn sie kommt, sagst du ihr bitte, dass ich sie unbedingt sprechen muss?«

»Klar, mach ich. Gehst du nicht zum Essen runter?«

»Nein, heute Abend. Bin eingeladen!« Eilig öffne ich meinen Schrank und rupfe das geblümte *Dolce-e-Gabbana*-Sommerkleid heraus, das ich eigentlich für mein Geburtstagsessen im *Sharky's* gekauft habe. Mir ist heute einfach danach.

»Wow«, wirft Carla einen bewundernden Blick drauf, »ist das ein tolles Kleid.«

»Ich kann es dir ja mal leihen, wenn du magst«, biete ich ihr spontan an.

Mit den Worten: »Mir steht so was leider nicht«, legt sie es wieder zurück aufs Bett.

»Woher willst du das wissen?«, hake ich nach.

Zögerlich zieht sie die Schultern hoch bis zu den Ohren und sagt traurig: »Ich werde darin niemals so toll aussehen wie du!«

Schluck. Normalerweise verpufft so was immer bei mir in der Ecke Komplimente. Aber die Art, *wie* Carla das gesagt hat, tut schon fast weh. Irgendwie habe ich in den letzten Tagen kapiert, dass es nicht so ist, wie Mama immer meint. *Wer schön ist, dem steht die Welt offen, dem fliegen die Sympathien zu, mit dem will man befreundet sein.* Langsam wird mir klar, dass es nicht unbedingt ein Privileg ist, schön zu sein. Man wird auch gemieden, gehasst und beneidet. Darüber habe ich noch nie nachgedacht, geht mir auf.

Schwungvoll werfe ich mir mein Murmeltier-Handtuch über die Schulter und wühle das Duschzeug aus meinem Beautycase. Dann drehe ich mich noch einmal zu Carla um.

Niedergedrückt sagt sie: »Ich kann mich ja noch nicht einmal richtig schminken.«

»Hast du Lust?«, deute ich auf das Schminktäschchen in ihrer Hand. »Ich bin ziemlich gut darin. Lass mal sehen.« Ich werfe einen Blick hinein. »Hey, tolle Sachen, damit können wir jede Menge machen!«

»Meinst du?«, fragt sie unschlüssig. »Aber wolltest du nicht weg?«

Die Zeit rast. Ich werde zu spät kommen. »Ja, aber das ist schon okay!«

Als ich ihren Lippenstift aufdrehe, kapiere ich so einiges. Er ist schräg abgenutzt. Das heißt: Sie ist gefühlvoll, sozial engagiert, aber zurückhaltend. Aufgrund ihrer Harmoniesucht muss sie aufpassen, dass ihre Hilfsbereitschaft nicht ausgenutzt wird. Na toll, ich habe schön von ihrer Art profitiert. Jetzt ist es an der Zeit, ihr etwas zurückzugeben, denke ich mit schlechtem Gewissen.

»So, setz dich hierher!«, deute ich auf den Stuhl am Fenster.

Nach einer halben Stunde habe ich Carlas Vorzüge herausgeholt. Ich habe sie nicht überschminkt und keine Maske aufgelegt.

»Hier«, halte ich ihr einen Handspiegel hin.

»Ich sehe aus wie ich«, sagt Carla prüfend, »nur besser!«

»Wenn du Lust hast, kann ich dir morgen mal zeigen, wie das geht.« Dann drücke ich ihr das Kleid in die Hand. »Los, probier's an. Bin gleich wieder da. Muss eben noch duschen!« Dann sehe ich mir Carla noch einmal genauer an. Ich möchte ihr unbedingt noch etwas sagen. Etwas Nettes. Aber vor allem auch etwas Ehrliches. Ihr Gesicht ist etwas pausbäckig und die Figur so ein bisschen birnenförmig, aber sie hat ein tolles Dekolleté.

»Bei deinem sexy Dekolleté sieht das bestimmt klasse aus.«

Als ich zurückkomme liegt mein Kleid wieder ganz ordentlich auf dem Bett. Ich vermute, sie hat es doch nicht anprobiert.

Dann entdecke ich den Zettel auf dem Nachtisch.

Liebe Tasha,
Samira war nicht hier. Habe noch etwas gewartet, um sie abzupassen und, … das Kleid anprobiert. Stand mir tatsächlich ganz gut. Danke für das für Schminken und das sexy Dekolleté!
Carla ☺

Was für ein gutes Gefühl, jemanden aufgebaut zu haben. Erstaunlich, wie einfach das geht, vorausgesetzt natürlich, es ist ehrlich gemeint. Und das hat Carla wohl auch gespürt. Eilig schlüpfe ich in das Kleid und habe kaum noch Zeit, mich zu selber zu schminken. Schnell mache ich ein paar gekonnte Handgriffe und dann starre ich ungläubig auf meinen eigenen Lippenstift. Ich habe ihn in den letzten Tagen benutzt, klar, aber er ist fast am Ende. Leer! Und nicht nur halb, wie sonst immer. Nur die Form kann man jetzt gar nicht mehr erkennen. Mit dem kleinen Finger pople ich den letzten Rest heraus und tupfe ihn mir auf die Lippen.

Dann hüpfe ich die Treppe hinunter und entdecke Samira am schwarzen Brett. Sie hat noch nasse Haare.

»Hast du trainiert?«, stelle ich mich hinter sie.

Abrupt dreht sie sich zu mir um. »Ja. War toll. Wolltest du nicht auch kommen?«, starrt sie verdutzt meine ausgestreckte Hand an.

»Samira, ab morgen bin ich jeden Tag dabei. Von mir aus auch morgens *und* abends. Ich werde auch mit dir joggen. Das volle Trainingsprogramm.«

Zweifelnd nimmt sie meine Hand und drückt sie. Erst ganz lasch und dann immer fester. »Okay, dann morgen früh um acht.«

Fröhlich grinsend lasse ich sie los und steuere auf den Hauptausgang zu: »Um acht!«

Hausordnung

Als Tante Martha mich überall herumführt, um mich ihren Partygästen vorzustellen, beschließe ich, diesen Abend zu genießen. Nur irgendwie will es mir nicht so recht gelingen. In Gedanken bin ich immer noch bei Luis. Und bei Katlen. Was fällt der überhaupt ein, sich da einzumischen? Klar will sie Luis abgraben, aber sie müsste doch schon längst kapiert habe, dass er auf *mich* steht.

Tut er das wirklich?

Na ja, eigentlich steht er vielmehr auf die Tasha, die ich ihm vorgespielt habe. Die Sportliche, die mit den vielen Talenten, die Kreative, die Aktive, die Mutige – nicht auf die Tasha, die manchmal ihren Mund zu voll nimmt und überhebliche Dinge sagt, die Biathlon für eine Automarke hält, die sich nur in Bewegung setzt, wenn's bei Breckmeier wieder neue Gucci-Handtaschen gibt, die einfach immer nur alles halb macht.

»Und, hast du?«, sieht mich Joël erwartungsvoll an und drückt mir ein Glas in die Hand.

»Äh, was habe ich?!« Ich nippe an dem Glas und als ich feststelle, dass es Sekt mit O-Saft ist, trinke ich es in einem Zug aus. »Ich würd wohl noch so 'nen Vitaminshake nehmen«, drücke ich ihm das Glas auffordernd in die Hand.

Grinsend zieht Joël los, um mir ein neues Getränk zu besorgen. Dann dreht er sich noch einmal um: »Dir überlegt, ob wir ein Date haben oder nicht?«

Lasziv lächelnd klimpere ich mit den Augen. »Mal sehen, was der Abend so bringt!«

Zufrieden kneift Joël ein Auge zu, bevor er sich weiter in Richtung Bar begibt.

In der Zwischenzeit steuere ich auf Franziska zu, die sich mit einem jungen Mann unterhält.

»Hallo Tasha, das ist Luc«, stellt sie mir ihren Gesprächspartner vor.

»Hi, Luc«, sage ich und setze aus lauter Gewohnheit ein charmantes Lächeln auf.

»Er ist Joëls Bruder!«, fügt Franziska erklärend hinzu.

»Wenn man vom Teufel spricht«, lacht Luc und blickt an mir vorbei. Vor meiner Nase taucht ein volles Glas auf.

»Danke«, nehme ich es entgegen und halte es in die Luft, um einen Toast zu sprechen: »Na dann, auf ...« Abrupt halte ich inne und lasse das Glas wieder sinken. »Worauf sollen wir trinken, was meint ihr?«

»Auf die Liebe!«, sagt Joël. Der meint wohl eher: Auf den Sex.

»Auf die Gesundheit!«, sagt Luc. Wie langweilig.

»Auf das Leben«, sagt Franziska. Gute Idee!

»Auf den Sport!«, sage ich. Und dann lassen wir vier unsere Gläser aneinanderplingen.

»So, und ab jetzt will ich nur noch Spaß haben!«, verkünde ich.

Franziska sieht mich kritisch von der Seite an.

»Wieso?«, fragt Luc nach. »Hast du dich denn vorher nicht amüsiert?«

»Doch, schon ...«

»Franziska, Joël, kommt ihr mal bitte?« Tante Martha winkt die beiden zu sich heran.

Wieder trinke ich mein Glas mit großen Schlucken aus.

»Da ist Alkohol drin«, ermahnt mich Luc.

»Ich weiß!«, entgegne ich patzig und spüre, wie mir der Sekt in den Kopf steigt.

»Franziska sagt, du bist auf dem Internat?«

»Ja!«

»Und, wie gefällt es dir. Die sollen ja ein tolles ...«

»Sportprogramm haben.« Genervt verdrehe ich die Augen. »Ja, ich weiß.«

»Nein, das meinte ich gar nicht, ich dachte vielmehr an das Sprachprogramm!«

Gelangweilt zupfe ich mein Kleid zurecht. »Und du, was machst du so? Auch von Beruf Sohn?«, frage ich provokativ.

»Ähem, wie bitte?« Er sieht mich mit unverständlichem Blick an.

»Na ja, dein Bruder hat doch ein echt easy Leben. Wie steht's denn so mit dir?«

»Also, ich bin Tierpfleger, habe einen schlechten Matura-Durchschnitt und keine Zulassung zum Veterinär-Studium bekommen.«

»Aha!« Irritiert über seine Offenheit starre ich ihn an. Ist das jetzt Authentizität oder einfach nur Blödheit, sich bei der ersten Unterhaltung als Niete zu outen?

»Und du? Ist dein Leben weniger easy?«

»Nö, nö, ist schon ganz okay.« Ich halte das Glas in die Luft und versuche den letzten Tropfen Sekt in meinen Mund zu träufeln.

»Entschuldigst du bitte, da ist jemand, den ich unbedingt begrüßen möchte!«, steht er auf und scheint – genauso wie ich – erleichtert zu sein, dass unser Gespräch hiermit beendet ist.

»Klar, tu dir keinen Zwang an!«

Franziska steuert mit neuen Gläsern bewaffnet auf mich zu. »Schöne Grüße von Joël, er ist mal eben für kleine Jungs!«

»Was ist denn das für ein Langweiler?«, nicke ich unauffällig in Lucs Richtung.

Zum ersten Mal, seit ich sie kenne, wird Franziska sauer. »Luc ist kein Langweiler. Er ist der netteste, bodenständigste und ehrlichste Mensch, den ich kenne!«

»Sag ich doch«, stupse ich sie grinsend in die Rippen und greife erneut nach einem Glas O-Saft mit Schuss, das mir dann aber aus der Hand genommen wird, weil mich Joël auf die Tanzfläche zieht.

»Du bist die Schönste von allen!«, flüstert er mir ins Ohr und wirbelt mich wild herum. Von seinem warmen Atem kriege ich eine Gänsehaut. Joël kann ja so charmant sein.

»Du willst doch nur eins«, sage ich zweideutig. Der Alkohol hat meine Zunge gelockert.

»Wollen wir das nicht alle?«, lacht er und küsst mich.

Die Ehrlichkeit scheint in der Familie zu liegen, die Spontaneität weniger, beobachte ich seinen Bruder aus dem Augenwinkel. Luc tanzt gerade mit einer älteren

Dame und redet angeregt mit ihr. Komisch, bei mir fehlten ihm eben die Worte.

»Der steht wohl auf Fossile«, entfährt es mir.

»Von wem sprichst du?« Dann muss Joël lachen. »Ach, mein Bruder und seine Sozialkompetenz. Was der zu viel hat, fehlt mir.«

»Das stimmt!«, bestätige ich unhöflich und wir müssen beide über meine Taktlosigkeit lachen. »Ich mag dich, du bist witzig!«

»Das ist alles? Witzig?«

»Na ja, du brichst bestimmt viele Mädchenherzen!«, werfe ich meinen Kopf in den Nacken und fühle mich so schön schwindelig.

»Und wie steht's mit deinem?«

»Wie meinst du das? Willst du meins auch brechen?«, flirte ich.

»Ich weiß, dass mich alle für einen coolen Womanizer halten. Aber hier drin«, er zeigt theatralisch auf seine Brust, »schlägt ein ehrliches Herz.«

Jetzt breche ich doch lachend zusammen.

»Du nimmst mich nicht ernst!«, schmollt er.

»Ich finde dich am besten, wenn ich dich nicht ernst nehme, ehrlich!«

Jetzt muss auch Joël lachen.

Durstig und ziemlich angesäuselt laufe ich an die Bar und bemerke, dass die meisten Leute sich schon längst verabschiedet haben.

Erschrocken sehe ich auf die Uhr. »Oh nein!« Schnell stelle ich das Glas wieder zurück und düse zu Franziska, die an einem Tisch in ein Gespräch mit Luc vertieft ist.

»Ich kriege ein Problem! Ein Riesenproblem!«, hyperventiliere ich.

Franziska reagiert sofort und springt auf. »Shit, die Hausordnung!«

»Ich bin vier Stunden überfällig!«, kreische ich hysterisch und bin auf der Stelle stocknüchtern.

Joël und Luc stehen neben uns und sagen keinen Ton

»Vielleicht haben sie dich ja noch gar nicht vermisst!«, sagt Luc beruhigend.

»Ja, ist klar«, schüttle ich abweisend den Kopf. »Was mache ich denn nur?«

»Räuberleiter«, schlägt Luc wieder einfallslos vor. »Wir kommen alle mit und vielleicht können wir dir gemeinsam helfen, wieder hineinzukommen.«

»Gute Idee«, sagt Franziska und wir stürmen los.

»Es geht nur über den Balkon, oder?«, frage ich ängstlich flüsternd, als wir bereits das dritte Mal das Internat umrundet haben und keine Möglichkeit für einen leichten Einstieg gefunden haben.

Den Kopf in den Nacken gelegt starre ich an der Hauswand nach oben. »Da komme ich nie hoch!«, jammere ich, »so unsportlich, wie ich bin.«

»Du siehst aber gar nicht so unsportlich aus«, will Luc mich aufbauen.

»Bin ich aber«, sage ich kratzbürstig und es tut richtig gut, niemandem hier etwas vormachen zu müssen. »Und ungelenkig hoch zehn«, setze ich noch eins drauf.

»Kannst du nicht eins von den Mädchen da drinnen auf dem Handy anrufen und bitten die Tür zu öffnen?«

»Keine Chance. Die Wände sind zu dick. Drinnen hat man null Empfang. So ein Mist, verdammt noch mal!« Wütend stampfe ich mit dem Fuß auf. »Und mit 'ner Leiter?«, frage ich hilflos, da ich eigentlich weiß, dass das so gut wie unmöglich ist.

»Das sind mindestens zehn Meter bis zu deinem Balkon, das kannst du vergessen, da brauchst du schon 'ne Feuerwehrleiter«, sagt Franziska.

Plötzlich beugt sich Luc zu Joël und flüstert ihm etwas zu, dann laufen die beiden lachend weg.

»Na, eine tolle Hilfe, deine Cousins!« Wutschnaubend scharre ich die Blumenerde vor dem Haus mit dem Fuß zur Seite.

Fünf Minuten später hören wir ein seltsames Knattern.

»Was ist das?«, frage ich erschrocken und irritiert zugleich, schließlich ist es drei Uhr nachts.

Plötzlich ist es still. Ich schrecke zurück, denn ein großes Gefährt kommt im Dunkeln direkt auf uns zu. Schnell fasse ich Franziska an die Schulter und ziehe sie von der Straße. Ich kneife meine Augen zu Schlitzen zusammen und versuche zu erkennen, was das ist.

»Mist«, schlage ich mir die Hand auf den Mund. Irgendjemand hat die Feuerwehr gerufen!

Das Seltsame aber ist, dass der Motor ausgestellt ist und der Wagen ohne Licht den Berg hinunterrollt. Plötzlich geht die Tür auf und Luc und Joël springen heraus.

»Wo habt ihr den denn her?«, sagen Franziska und ich gleichzeitig und halten uns kichernd die Hand vor den Mund.

»Das war Lucs Idee!«, sagt Joël. »Er ist bei der freiwilligen Feuerwehr. Der alte Löschwagen hier«, fährt er fort und schlägt mit der Hand auf die Motorhaube des Oldtimers, »wird nur noch einmal im Jahr zum Sommerfest rausgeholt.«

»Das Gute ist«, erklärt jetzt Luc fachmännisch, »dass er eine Kurbel hat und man die Leiter nicht mit dem Motor rausfahren muss, dann würden nämlich hier alle aus dem Bett fallen.«

»Okay, also los«, reibt Franziska sich unternehmungslustig die Hände.

»Aber ... aber dann muss ich ja die zehn Meter hier raufklettern«, lasse ich mutlos verlauten.

»Was für ein Abenteuer!«, klopft mir Franziska aufmunternd auf die Schulter und Luc und Joël fangen an zu kurbeln.

»Hält die mich denn überhaupt aus?«, beäuge ich kritisch die instabil aussehende Leiter.

»Klar, auf dem Sommerfest machen wir damit immer Probeübungen für die Kinder!«

»Ja, für die Kinder! Aber ich bin erwachsen und bestimmt doppelt so schwer!«

»Ach komm, du wiegst doch bestimmt kaum mehr als ein ausgewachsener Dreizehnjähriger«, sagt Joël.

»Sehr charmant!«, zwicke ich ihn in die Hüften.

»Welcher Balkon ist es?«, will Luc wissen.

»Der ganz oben!«, zeige ich auf die dritte Etage. »Links!« Mir wird schon vom Hochgucken schwindelig.

»Okay, dann stehen wir richtig. Noch ein paar Meter Leiter und es kann losgehen.«

Mir ist total mulmig.

»Ich … ich … habe Höhenangst«, stottere ich und klammere mich feige an Lucs Arm. »Was ist, wenn ich abstürze?«

»Fangen wir dich auf!«, beruhigt er mich und hält mich fest. Ein wohliges Gefühl ist das, stelle ich erstaunt fest und kuschle mich regelrecht hinein. Dann deutet er auf das Innere des Wagens: »Wir haben ein Sprungtuch dabei!«

»Na, dann kann ja nichts mehr schiefgehen«, sage ich zweifelnd, löse mich nur ungern aus seinen beschützenden Armen und trete zitternd auf die erste Sprosse. »Falls wir uns nicht mehr lebend wiedersehen, danke ich euch trotzdem für euren Einsatz!«

»Bis morgen«, raunt Franziska mir hinterher, »und süße Träume!«

»Gute Nacht!«, wünscht mir Joël.

»Schlaf gut!«, flüstert Luc leise.

»Schlaft ihr auch gut!«, sage ich mit zittriger Stimme und mit zusammengekniffenen Pobacken steige ich in schwindelerregende Höhen. Auf der zweiten Stufe bleibe ich stehen und klettere wieder hinunter. »Ich kann nicht!«

»Dann werfen sie dich raus. Du hast gegen die Hausordnung verstoßen und jeder weiß, dass die hier superstreng sind«, ermahnt Franziska mich.

»Ist mir egal!«, schüttele ich den Kopf und werfe meine langen Haare nach hinten.

»Das Risiko willst du wirklich eingehen?«, fragt Franziska ungläubig.

»Ich wollte ja eh nie hierher.«

Stumm starrt sie mich an. Ich kann ihrem enttäuschten Blick kaum standhalten.

»Bist du dir sicher?«

»Nö«, zucke ich kurz mit den Schultern.

»Du hast doch noch so viel vor ... der Schwimmwettkampf! Der Französisch-Unterricht! Luis!«, zählt sie mir die Punkte auf, die wir heute noch durchgesprochen haben. »Katlen wird sich kaputtfreuen, wenn du fliegst ... und ich, ich werde supertraurig sein, wenn du jetzt gehst«, klingt sie aufrichtig betrübt.

In dem Moment laufen die vier Wochen, die ich bereits hier bin, im Zeitraffer vor meinem inneren Auge ab. Die Zeit davor, zu Hause, Mama und Papa ... alles scheint wie ausgeblendet. Seit ein paar Tagen schon stehe ich morgens auf und fühle mich wie befreit. Es ist, als wenn ich sonst immer von einer Fernsteuerung gelenkt wurde und jetzt selbst die Richtung bestimmen kann.

Ich wünschte, ich könnte mich noch mal in Lucs beschützende Arme kuscheln, das tat so gut. Aber das sähe jetzt bestimmt dämlich aus, wenn ich ihn noch mal darum bitte. So ist das eben, wenn man ganz auf sich allein gestellt ist. Also gut, los, jetzt, Tasha. »Nicht nach unten gucken ... nicht nach unten gucken ... nicht nach unten ...«, hypnotisiere ich mich leise selber, als ich Stufe für Stufe nach oben steige. Meine Handinnenflächen werden von Sekunde zu Sekunde nasser. Wenn ich oben angekommen bin, kann ich die auswringen.

ZACK! Auf einmal rutsche ich mit dem Absatz weg. Panisch klammere ich mich an der Leiter fest. Wenn man's genau nimmt, bin ich exakt 1010 Meter über dem Meeresspiegel. Uaaaaah, zitternd ertastet meine Hand das Holzgeländer. Ich traue mich nicht, nach unten zu blicken, und verharre eine gefühlte Ewigkeit dort. Dann nehme ich allen Mut zusammen, schwinge mein Bein über die Balkonbrüstung und drücke mir die Hand auf mein wild pochendes Herz, als ich auf der anderen Seite sicher gelandet bin. Dort verharre ich ein wenig in der Hocke. Dann höre ich ein leises Quietschen. Die Leiter wird wieder eingefahren. Ich warte, bis der Wagen den Rest des Berges hinuntergerollt ist, und erst als ich das Knattern des Motors höre, bewege ich mich wieder.

Komisch, normalerweise passieren mir solche Dinge nicht. Weil ich mich erst gar nicht irgendwelchen Situationen aussetze, die zu Mutproben mutieren können.

Auf einmal bin unendlich stolz und glücklich. Ich habe das hier alleine geschafft. Gut, mit Hilfe von Franziska und ihren Cousins, aber geklettert bin ich alleine. Trotz Höhenangst!

Auf einmal habe ich das Gefühl, dass ich etwas verpasst habe. Schade, dass ich mich solchen Aktionen, wo man seinen inneren Schweinehund überwinden muss, wo man an seine Grenzen kommt, wo man sich nicht vorher in Watte packen lässt, nie wirklich ausgesetzt habe. Wahrscheinlich hat das Durchstehen solcher Situationen was mit Reifungsprozessen zu tun, vermute ich psychologisch durchdacht, und es gehört dazu, um erwachsen zu werden. Denn so fühle ich mich im Moment.

Aber auch nur so lange, bis ich feststelle, dass das Fenster geschlossen ist. Mist, Mist, Mist! Wie soll ich jetzt da reinkommen?

Es ist so dunkel drinnen, dass ich nichts erkennen kann. Ich klopfe gegen die Scheibe. Erneut. Immer und immer wieder. Aber nichts rührt sich. Die beiden schlafen tief und fest, das gibt's doch gar nicht. Als ich erneut gegen das Fenster schlage, geht im Flur das Licht an. Schnell ducke ich mich.

Man hört sich nähernde Schritte. Unsere Tür geht auf. Ein paar Minuten herrscht Stille. Dann wird die Tür wieder geschlossen. Ich erkenne den Rücken von Madame Aubry, die die Treppen wieder hinuntersteigt. In dem Moment bemerke ich, dass der Ausgang vom Flur auf den Balkon nicht richtig eingehakt ist. Das ist meine Chance.

Vorsichtig versuche ich den Haken zu lösen. Die alte schwere Holztür bewegt sich ein bisschen und knarrt. Erschrocken lasse ich von ihr ab. Dann, nach ein paar Minuten, versuche ich es erneut. Ich ziehe meine Spange aus den Haaren, verbiege sie ein wenig, stecke sie unter dem Türschlitz durch und versuche, den Haken zu erwischen. Nach geschlagenen fünf Minuten wische ich mir die Schweißperlen mit dem Handrücken von der Stirn. Es klappt nicht.

Fröstelnd reibe ich meine Arme warm. Die Nächte in den Bergen sind ganz schön frisch.

Ich versuche es erneut. Und zack!, diesmal klappt es, der Haken löst sich und die schwere Holztür schlägt mit voller Wucht gegen die Wand.

Das Licht geht wieder an. Schnell versuche ich auf allen vieren wieder nach draußen zu kriechen, doch die Türe kriege ich nicht mehr geschlossen.

Madame Aubry tritt auf den Balkon. »Bizarre. Il n'y a pas du vent!«

Gerade, als sie sich umdrehen will, um wieder hineinzugehen, zuckt sie zusammen. »Qui est-ce?«

Ich zähle meinen Herzschlag.

»Allô? Sortez de suite, si non, j'appelle la police!«

Besser, ich sage immer noch nichts.

Plötzlich leuchtet mir eine Taschenlampe direkt in die Augen.

»Bitte, bitte, lassen Sie mich nur den Wettkampf mitmachen. Sie können meine Eltern ja danach anrufen. Bitte, Madame Aubry. Ich habe so viel gelernt hier und ich weiß, dass ich einen Fehler gemacht habe, ich entschuldige mich dafür, aber es war nicht absichtlich. Ich habe die Zeit vergessen. Ich war bei Martha Chaunessy auf einer Party und wir haben gegessen, getanzt, geredet, einfach Spaß gehabt. Es war so toll, und dann war es zu spät und ich konnte nicht mehr herein, die Söhne von Martha haben so ein altes Feuerwehrauto hergefahren und ich bin raufgeklettert ... wo ich doch so eine Höhenangst habe, ich habe es getan, weil ... weil ...«

Schüchtern starre ich auf den Boden. Madame Aubry sieht mich erwartungsvoll an. »Weil ich nicht nach Hause geschickt werden wollte. Sonst wäre ich ja unten reingekommen, hätte geklingelt oder was weiß ich, mich auf jeden Fall erwischen lassen. Sie hätten meine Eltern angerufen und ich wäre zu ihnen geflogen. Aber ... aber genau das wollte ich nicht, ich will hierbleiben, ich will noch Französisch lernen, ich will unbedingt den Wettkampf nächste Woche mitmachen, bitte, bitte, er ist so wichtig für mich. Ich will einmal beweisen, was in mir steckt, ich … ich will hierbleiben. Non, s' il vous plaît, ne m'envoyer pas à la maison!«, bettle ich jetzt auf Französisch.

Madame Aubry sagt kein Wort. »Ich kann leider keine Ausnahme machen, Tasha, du hast gegen die Hausordnung verstoßen.«

»Bitte, Madame Aubry, bitte!«

»Wir reden morgen darüber. Ich möchte, dass du jetzt in dein Bett gehst und schläfst. Um zehn in meinem Büro!«, sagt sie streng.

Wie ein geprügelter Hund gehe ich in mein Zimmer, lege mich angezogen aufs Bett und bleibe bis zum Frühstück wach. Als die anderen zum Essen gehen, packe ich meinen Koffer.

Endlich ist es zehn Uhr. Vorsichtig klopfe ich an die Bürotür von Madame Aubry.

»Entrez!«

Langsam öffne ich die Tür und presse mich durch einen Spalt hinein. Am liebsten würde ich mich verstecken, wäre gar nicht da, ich möchte jetzt mein Urteil nicht abholen. Ich setze meinen Rehaugen-Blick auf und hoffe, dass sie dem nicht widerstehen kann.

Madame Aubry nimmt die Brille von der Nase.

»Nimm bitte Platz, Tasha!«

»Danke!«

»Konntest du noch etwas schlafen?«, fragt sie besorgt blickend.

»Nein!« Warum ist sie jetzt so freundlich? Soll sie lieber direkt zur Sache kommen oder ändert sie ihre Meinung doch noch? Kurzfristig keimt ein kleiner Hoffnungsschimmer in mir auf.

»Hast du die Hausordnung gelesen?«

»Nein«, gestehe ich ehrlich.

»Aber du weißt, dass alle um elf Uhr im Haus sein müssen!«

»Ja, das wusste ich. Deshalb war ich ja so erschrocken, als ich auf die Uhr sah und es schon so spät war!«

»Es war genau drei Uhr vierundzwanzig, als ich dich auf dem Balkon entdeckt habe!« Sie lässt die Arme ergeben sinken. »Wir tragen hier die Verantwortung für euch, ihr seid noch minderjährig. Es hätte auch wer weiß was passieren können.«

Ich beiße mir auf die Unterlippe.

»Tasha, ich kann keine Ausnahme machen, verstehst du das?«

Ich beiße mir noch fester auf die Unterlippe.

»Und deshalb muss ich dich leider nach Hause schicken!«

Ich beiße mir jetzt so fest auf die Unterlippe, dass es blutet. Ich schmecke die salzige Wärme in meinem Mund.

»Es tut mir sehr leid, Tasha«, seufzt sie. »Nach unserem Gespräch vor einiger Zeit dachte ich, deine Einstellung zum Internat hätte sich geändert und dass es dir so langsam doch ganz gut hier gefällt!«

»Das tut es auch!« Heftig nicke ich mit dem Kopf. »Und ich habe mir so viel vorgenommen. Besser Französisch lernen zum Beispiel. Ich will nämlich meine Nachprüfung unbedingt schaffen.«

»Weißt du, Tasha, es gibt Regeln, an die wir uns *alle* halten müssen!«

Zustimmend nicke ich und gleichzeitig geht mir auf, dass ich nie irgendwelche Regeln aufgestellt bekommen habe, an die ich mich zu halten hatte. Und sollte ich doch mal welche gebrochen haben, hat Verena mich immer wieder rausgeboxt. Madame Aubry aber ist strikt. Sie wird mich nicht damit durchkommen lassen. Sie hat ihre Prinzipien, da gibt es keine Ausnahme, auch nicht für Tasha Bruns. Das habe ich verstanden und kann es sogar akzeptieren.

Ganze leise sage ich, mehr zu mir selbst als zu ihr: »Mein Leben lang habe ich nur halbe Sachen gemacht, jetzt hätte ich endlich einmal etwas zu Ende bringen können.« Langsam stehe ich auf und gehe zur Tür, dort drehe ich mich noch einmal um. »Werden Sie jetzt meine Eltern anrufen?« Erst kullert mir nur eine dicke Träne über das Gesicht, dann werden es immer mehr.

»Nein, jetzt noch nicht!« Sie setzt sich die Brille auf die Nase, beugt sich wieder über ihre Unterlagen und sagt: »Erst nach dem Wettkampf!«

»Wie ...? Das verstehe ich nicht«, sage ich verstört.

»Ich habe das Gefühl, dass es dir sehr wichtig ist, an dem Wettkampf teilzunehmen. Deshalb kannst du so lange noch bleiben!«

»Danke!«, gerührt gehe ich auf sie zu und schüttle ihr die Hand. »Vielen Dank!«

Der Wettkampf

Es ist fünf Uhr dreißig. Heute ist mein letzter Tag. Gestern Abend habe ich bereits heimlich meinen Koffer gepackt. Bisher habe ich noch niemandem erzählt, dass es morgen für mich nach Hause geht. Außer Franziska natürlich. Wir haben auch schon Pläne geschmiedet. Sie wohnt in Hagen und das ist nur eine Dreiviertelstunde von uns entfernt. Wir wollen uns mindestens einmal die Woche treffen. Ich könnte mir nämlich gar nicht mehr vorstellen, wie es ohne sie wäre.

Heute wird sich zeigen, ob meine Anstrengungen sich gelohnt haben, denke ich, als ich frühmorgens in den Badeanzug steige. Sechs Tage lang bin ich gejoggt und geschwommen, was das Zeug hält, und dazwischen habe ich Französisch gepaukt. Madame Aubry hat mir auf mein Bitten hin noch Zusatzstunden eingeräumt und mich in diversen praxisbezogenen Übungen zum Bäcker, Metzger und in den kleinen Tante-Emma-Laden geschickt. Was für ein tolles Gefühl das war, als ich meistens mit den Dingen zurückkam, die ich wirklich besorgen sollte, und mein Kauderwelsch sogar verstanden wurde.

»Wo willst du hin?«, flüstert Samira und setzt sich auf.

»Zum Pool!«, antworte ich leise, schlüpfe in meine Flipflops und ziehe mir ein Polokleid über.

»So früh?«, fragt sie erstaunt mit einem Blick auf die Uhr. »Du übertreibst echt.«

»Heute ist der Wettkampf!«

»Ich weiß!«

»Ich muss unbedingt vorher noch trainieren!«

»Du bist verrückt«, sagt Samira kopfschüttelnd. »Verausgabe dich nicht!«, ruft sie mir besorgt hinterher, als ich das Zimmer verlasse.

Diese Ruhe am Pool. Die Berggipfel im Nebel. Die Chalets, die wie kleine Holzspielhäuschen auf den Hügeln verteilt sind, die Bergwiese. »Hach«, seufze ich laut auf, es ist einfach superschön hier. Franziska hat es gut. Sie kann nächstes Jahr wieder hier herkommen und ich muss bestimmt nach Miami. Irgendwie verspüre ich gar keine große Lust mehr darauf. Am Strand liegen, shoppen gehen und schick dinieren. Ist doch irgendwie jedes Jahr dasselbe.

Wenn ich ehrlich zu mir selbst bin, gefällt es mir hier sogar viel besser. Hört sich zwar undankbar an und ich weiß, dass mich bestimmt jeder für verrückt hält, aber ich habe das Strandleben in schicken Luxushotels schon so oft erlebt, dass es gar nichts Besonderes mehr ist. Wie verworren mein Leben geworden ist. Ich glaub, ich brauch 'ne Abkühlung.

Mit einem Kopfsprung hechte ich ins Becken, dann noch ein paar Züge und schon schlage ich am anderen Ende des Schwimmbads an. Nicht, dass ich jetzt Profi geworden wäre, aber ich habe mich echt gesteigert. So verbissen habe ich noch nie im meinem Leben um etwas gekämpft. Ich will heute nicht verlieren!

Eine Stunde später wird es deutlich rummeliger am Pool. Nachdem die Mädchen langsam alle eingetrudelt sind, fährt jetzt auch der Bus von der Frazer-Montgomery-School vor. Mir wird ganz flau, als ich Luis aus den Augenwinkeln entdecke. Ich nicke kurz in seine Richtung und dann drehe ich mich wieder um. Nachher, wenn alles vorbei ist, dann werde ich mit ihm sprechen, denke ich wütend, dann wird er sehen, dass ich doch gar nicht so unsportlich bin, dann wird es ihm leidtun, dass er mich so behandelt hat. Das flatterige Gefühl im meinem Bauch nimmt sekündlich zu. Mir wird auch leicht übel, ich hätte vielleicht doch besser frühstücken sollen.

»Na, Princess, wirst ja schon ganz grün im Gesicht. Schiss?«

»Besser grün als überschminkt«, kontere ich schlagfertig. »J'éspère que cette pâte dans ton visage est bien resistante à l'eau, Giraffe!«, sage ich auf Französisch

Kichernd kommt Samira mir nachgelaufen. »Hey, jetzt bin ich aber baff!«

»Warum? Weil ich mir nicht mehr alles gefallen lasse?«

»Nein, weil dein Französisch so gut geworden ist«, stupst sie mich neckend in die Rippen. »Hoffe, die Schmiere in deinem Gesicht ist wasserfest, Giraffe«, wiederholt sie feixend meine Worte auf Deutsch. »Das passt. Die sieht echt aus wie 'ne Giraffe, mit dem langen Hals und den staksigen Beinen.«

Dann müssen wir beide laut lachen. Amüsiert beobachten wir, wie Katlen sich mit geblähten Nüstern einen Spiegel vor die Nase hält und ihr Make-up überprüft.

»Der Direktor von der F-M-S hat übrigens grad – als du im Nahkampf mit *Giraffe* warst – die Wettkampfregeln erklärt.«

»Aha!«

»Da die Jungs natürlich bessere Zeiten haben werden, bekommen wir sozusagen ein paar Sekunden geschenkt. Die Anzahl der Sekunden wurden von einer Prüfungskommission ausgerechnet. Somit ist nicht wichtig, wer von uns zuerst anschlägt, sondern wie die Zeit ist. Hier ist die Aufstellung«, sie drückt mir einen Zettel in die Hand. »Und ... « Sie zögert einen Moment. Dann legt sie mir die Hand auf die Schulter. »Lass dich nicht davon irritieren, dass Katlen in unserer Staffel schwimmt«, will sie mich beruhigen.

Umsonst. Als ich das höre und gleich darauf die Aufstellung zu sehen bekomme, kriege ich 'ne mittelschwere Krise. Sie schwimmt an zweiter Stelle. Direkt vor mir. Ich weiß schon genau, wie das sein wird. Alle werden sie anfeuern und keiner wird meinen Namen rufen. Da wird Luis sofort raffen, dass Katlen der Liebling ist und ich die Außenseiterin. Am besten lege ich einen Frühstart hin, dann werde ich disqualifiziert und gut ist, denke ich resigniert.

Dann sehe ich ihn plötzlich auf mich zukommen.

»Hallo, Tasha«, sagt er unsicher.

»Luis.«

»Und? Nervös?«

»Nein, wieso?«, tue ich cool und überspiele mein Nervenflattern.

»Ich bin immer nervös vorher. Lampenfieber. Dabei schwimme ich jetzt schon sechzehn Jahre und es ist jedes Mal dasselbe«, lächelt er verschmitzt.

»Ich schwimme seit sechs Tagen und ich habe nichts zu verlieren«, sage ich, als wäre es das Selbstverständlichste von der Welt. Dabei wollte ich mir die Wahrheit doch für hinterher aufheben. Doch mit seinem Lampenfiebergeständnis hat er mich weichgeklopft.

»Wie meinst du das? Seit sechs Tagen?«

»Ich bin vorher noch nie *wirklich* geschwommen. Überhaupt bin ich total unsportlich. Paragliden war ich auch nie und alles andere war auch gelogen.«

Jetzt ist er baff.

»Katlen hat recht. Ich bin eine Lügnerin und eine sportliche Krampe dazu. Es tut mir leid, dass ich dir was vorgemacht habe, Luis. Das war superblöd von mir. Aber weißt du was, mich ins offene Messer rennen zu lassen und vor Katlen zu fragen, ob das stimmt, was sie dir über mich gesteckt hat, war auch nicht wirklich dezent.«

»Aber ...«

»Außerdem hast du einfach vorausgesetzt, dass Katlen dir die Wahrheit sagt. Das ist nicht weniger enttäuschend!«

Er öffnet den Mund, um etwas zu entgegnen.

»Ach ja«, füge ich noch hinzu, »meine Gefühle, die waren übrigens echt!«

»Aber Tasha ... ich ...«, stottert er verlegen.

»Hi, Luis, auch schon da?«, höre ich Katlens flirty Stimme hinter mir.

»Viel Glück, Luis!«, sage ich leise und gehe.

Samira hat mich aus der Ferne beobachtet und beäugt mich kritisch, als ich auf den Startblock zugehe. Kurz vorher drehe ich ab und steuere auf sie zu.

»Überlass ihn nicht der Giraffe, Samira. Dafür ist er zu schade. Ihr passt bestimmt ganz toll zusammen.«

Dann werden mir plötzlich von hinten die Augen zugehalten. Lachend ergreife ich die Hände und errate auf Anhieb, wer es ist: »Franziska!«

Als ich mich zu ihr umdrehe, wird unsere Staffel aufgerufen. »Jane Milner, Katlen Freiberg, Tasha Bruns ...« Den Rest der Durchsage höre ich schon gar nicht mehr. Mein Magen rebelliert, ich kann nur noch verschwommen sehen und kalter Schweiß steht auf meiner Stirn. Dagegen ist meine Höhenangst ein Pillepup.

»Toi, toi, toi!«, sagt Franziska und reckt mir ihre gedrückten Daumen entgegen.

Ich lehne mich an sie, denn ich habe das Gefühl, ich verlöre sonst den Boden unter den Füßen. Gleich werde ich mich vor aller Welt lächerlich machen. Training seit sechs Tagen, was soll ich damit reißen?

»Ist doch egal, wie's wird. Hauptsache, du machst mit!«, liest Franziska meine Gedanken. »Und zum Anfeuern habe ich Verstärkung mitgebracht«, deutet sie hinter sich. Im Gefolge hat sie die »Feuerwehrmänner« Luc und Joël.

»Tut uns leid, dass du trotzdem fliegst!«, sagt Luc ehrlich betroffen.

»Wegen so 'ner Lappalie«, knurrt Joël.

»Na ja, so sind halt die Regeln!«

»Regeln sind doch da, um gebrochen zu werden!«, grinst Joël schelmisch und reibt sich die Hände, wobei ich nicht weiß, ob er einen Plan im Kopf hat, um mir zu helfen, oder weil er bereits einen schmachtenden Blick auf die Badenixen geworfen hat.

»Un, deux, trois – allez!«

Jane schwimmt eine gute Zeit. Dann schlägt sie an. Platsch! Katlen legt einen super Start hin. »Katlen, Katlen, Katlen …«, höre ich unsere Mitschülerinnen brüllen. Dann ist sie wieder da und ich springe. Mit ganzer Kraft stoße ich mich vom Block ab und ich weiß nicht, wie weit ich gekommen bin. Vor lauter Aufregung hoffe ich nur, dass ich auf der richtigen Bahn gelandet bin. Dann kraule ich, was das Zeug hält. Es ist so ein dumpfer Ton, ich höre nichts, niemand ruft meinen Namen, niemand feuert mich an. Wahrscheinlich kriege ich gleich einen Herzinfakt, einen Kollaps oder eine Gallenkolik. Ich habe mich in meinem Leben noch nie so angestrengt. Ich habe mich in meinem Leben noch nie so für eine Sache eingesetzt. Ich habe in meinem ganzen Leben noch nie so sehr etwas gewollt.

Dann erkenne ich den Beckenrand. Noch ein paar Zentimeter, dann mache ich eine Wende und mit einer Bahn Brust geht es jetzt zurück. Als ich auftauche, höre ich sie: »Tasha, Tasha, Tasha …«

Ein unbeschreibliches Gefühl, ich schwebe richtig über das Wasser. Jetzt, mit Hilfe der anderen, habe ich das Gefühl, zu Höchstleistungen aufzulaufen, und als ich endlich anschlage und Samira reinspringt, halte ich mich atemlos am Beckenrand fest. Carla, Franziska, Jane und ihr Schwestern, Luc, Joël und vor allem Luis klatschen wie verrückt. Und ich bin so glücklich und sooo stolz. Meine Zeit war okay. Nicht berauschend, aber auch nicht richtig mies. Ich habe alles gegeben, was ich konnte, und ich spüre, dass das allein zählt.

Samira hat, Gott sei Dank, einiges an Zeit wieder rausgeholt und wir sind auf den drittletzten Platz gerutscht.

»Bist du enttäuscht?«, frage ich sie, als sie neben mir steht und sich gedankenverloren in ihr Handtuch hüllt.

»Nein, überhaupt nicht. Das war der spannendste Wettkampf, den ich je mitgemacht habe.« Sie lässt ihr Handtuch fallen und umarmt mich herzlich. »Du hast dich toll geschlagen!«

»Ich hatte ja auch den besten Coach«, drücke ich sie zurück. Dann gehe ich zu Franziska und den anderen.

Franziska strahlt wie ein Honigkuchenpferd. »Du warst super, du warst klasse, du warst spit-zen-mä-ßig!« Sie knuddelt mich unaufhörlich. »Ich war richtig stolz, als meine Freundin plötzlich wie ein Barracuda durch das Haifischbecken gezischt ist«, macht sie eine zackige Handbewegung.

Meine Freundin hat sie gesagt!! Das ist noch viel schöner, als zu gewinnen, denke ich plötzlich. Sie hat es das erste Mal ausgesprochen. Mir ist nach heulen, lachen, feiern … aber nicht nach nach Hause fahren, denke ich plötzlich entsetzt und bin auf einmal furchtbar traurig.

Jane kommt an mir vorbei und drückt mir ein Küsschen auf die Wange, »Good job!«, sagt sie anerkennend und fügt augenzwinkernd hinzu: »Princess!«

Sie hat zwar nicht alles verstanden, was hier in den letzten Wochen zwischen mir und Katlen abging, weil sie immer noch fast nur Englisch spricht, aber letztendlich hat sie wohl doch alles kapiert. Sie war auf meiner Seite, denke ich fröhlich, genauso wie Carla und Samira. Warum habe ich das gar nicht gesehen? Ich puste die Luft aus und verziehe meinen Mund zu einem Grinsen, als Katlen auf mich zukommt.

»Tolle Zeit. Wegen dir sind wir Drittletzte geworden!«, ranzt sie mich an.

»Na, du kannst mit deiner Zeit auch nicht wirklich glänzen«, verteidigt mich Samira.

»Phh«, zieht sie beleidigt die Schultern hoch und zischt endlich ab. Als sie auf Luis zusteuern will, winkt der ab und kommt zu Samira und mir.

»Samira, du warst großartig!«, sagt er ehrlich begeistert und als ich das Strahlen in ihren Augen sehe, ziehe ich mich mit den Worten »Ich muss mich umziehen!« zurück.

»Du warst übrigens auch n [illegible] nich noch. »Für sechs Tage Trainin [illegible]

Freundschaftlich lege ich [illegible] »Ich hatte ja auch die beste Trainer [illegible]

Dann räume ich das Feld. I [illegible]

Als ich in meinem Zimmer [illegible] cke, klopft es plötzlich.

»Entrez«, sage ich.

Es ist Madame Aubry. Sie teilt mir mit, dass mein Zug morgen um acht Uhr dreißig geht und ich eine halbe Stunde Aufenthalt in Genf habe, um den Anschlusszug zu erwischen.

Bedauern liegt in ihrem Blick, als sie mir einen Stapel Unterlagen überreicht. »Wenn du diese Übungen in der nächsten Woche durcharbeitest, dann schaffst du die Prüfung!«

Langsam stehe ich auf und kralle mich an den Papieren fest. »Als ich hier herkam, wusste ich nicht, was wichtig ist im Leben ...« Ich gerate ins Stocken, doch sie lässt mich die richtigen Worte suchen. »Ich glaube, dass ich gar kein richtiges, wie soll ich sagen, ... Sozialverhalten ist wohl das richtige Wort, hatte. Wissen Sie, Madame Aubry, ob Sie's glauben oder nicht, ich hatte noch nie eine *beste Freundin*, ein Mädchen in meinem Alter, jemanden, mit dem man alles teilt. Sorgen, Ängste, Träume ... Meine beste Freundin war meine Mutter. Aber ...«, ich lasse die Schultern hängen, »eigentlich hat sie mir nur ihre eigenen Sorgen, Ängste und Träume vermittelt. Wir haben nichts geteilt. Wir waren nicht ... gleichberechtigt?« Langsam ziehe ich die Schultern wieder hoch und straffe meinen Rücken. »Sie hat mich wie mit einer Fernbedienung gesteuert und gelenkt. Und wissen Sie was? Ich glaube, ich habe überhaupt keine eigene Persönlichkeit.«

Madame Aubry nimmt die Brille ab, sieht mich durchdringend an und nickt ganz unmerklich. »Doch, mein Kind, die hast du. Und ich bin froh, dass du hier warst. Glaub mir, es tut mir sehr leid, dass du gehen musst, aber ich bin überzeugt, dass du eine Menge mitnimmst ...

und wer weiß, vielleicht kommst du ja eines Tages mal wieder«, lächelt sie.

Am liebsten würde ich sie in den Arm nehmen. Aber Madame Aubry nimmt man nicht einfach so in den Arm. Ich presse die Unterlagen ganz fest an mich und sage es, wie ein Versprechen: »Ich werde die Prüfung schaffen!«

Wortlos streichelt sie meine Wange, seufzt leise auf, dreht sich um und geht.

Da kommen Samira und Carla hereingestürmt und schließen schnell die Tür hinter sich.

»Wir haben alle zu einer Pyjamaparty eingeladen!«, sagt Carla mit gedämpfter Stimme.

»Toll«, spiele ich die Fröhliche.

Samira schlägt die Bettdecke zurück. »Zwei Flaschen Schampus!«

Carla kichert. Nachdenklich sehe ich sie an. Die beiden werden mir fehlen.

»Die Jungs wollen auch kommen«, verkündet Samira leise und blickt prüfend zur Tür. »Was wollte die Aubry denn eigentlich?«

»Sich verabschieden!«

»Wieso?«, fragt Samira erstaunt. »Wohin fährt die denn?«

»*Sie* nirgendwo hin. *Ich* gehe!« Mit diesen Worten bücke ich mich und ziehe den gepackten Koffer unter dem Bett hervor.

»Nein!«, lässt sich Carla mit einem entsetzten Blick auf Samiras Bett fallen. »Warum?«

»Weil ich Mist gebaut habe!«

Und dann erzähle ich ihnen die ganze Story.

Geplättet erhebt sich Carla vom Bett: »Ich sag den anderen für heute Abend ab.«

»Wegen mir müsst ihr das nicht. Nur mit den Jungs … das würde ich lieber lassen, sonst bekommt ihr auch noch Probleme!«, rate ich ihnen eindringlich.

»Ist auch nicht so schlimm, morgen Abend ist eh die gemeinsame Party in der F-M-S! Dann sehen wir die Jungs ja sowieso«, räumt Samira ein.

»Okay, dann geh ich mal«, schleppt sich Carla zur Tür.

Als sie verschwunden ist, schweigen Samira und ich uns an.

»Bleibst du eigentlich direkt hier, oder fährst du noch mal zu deinen Eltern?«, durchbreche ich die Stille.

»Ich bleibe direkt hier!«

»Dann hast du ja deine Eltern ewig nicht gesehen?«

»Stimmt. Aber mein Vater ist halt super beschäftigt.«

»Und deine Mutter?«

»Die auch!«

Ich habe den Eindruck, sie will nicht darüber reden, und weiß nicht so recht, wie ich das Gespräch in eine andere Richtung lenken soll.

Da faltet Samira plötzlich ihre Hände und presst sie so fest zusammen, bis sie ganz blutleer sind.

»Meine Mutter hat wieder geheiratet und in ihre neue Familie passe ich nicht mehr. Ich bin sozusagen *übrig*. Sie hat nach mir noch zwei Kinder bekommen und der neue Mann war … na ja, wir hatten ziemliche Probleme.«

»Und dein Vater?«, hake ich jetzt doch zaghaft nach.

»Der ist Broker in New York!«

»Cool«, sage ich beeindruckt.

»Ja, genau. Cool. Wenn man cool mit kühl übersetzt. Er ist großartig im Schecks-Schicken, er ist großartig im Geburtstage vergessen, er ist großartig im Urlaub absagen, er ...« Ihre Stimme bricht plötzlich ab. »Weißt du Tasha, eigentlich fühle ich mich hier im Internat am wohlsten. Das ist mein Zuhause geworden. Hier erlebe ich keine Enttäuschungen.«

Schluckend starre ich auf den Boden und bin froh, dass ich geliebt werde. Auch wenn die Liebe erdrückend sein kann, meine Eltern sorgen und kümmern sich wenigstens um mich und selbst meine zickigen Stiefschwestern mögen mich auf ihre Art. Trotzdem möchte ich am liebsten gar nicht nach Hause. Zumindest jetzt noch nicht.

»Ich weiß, was du meinst!«

»Was haben eigentlich deine Eltern dazu gesagt, dass du vom Internat fliegst?«

»Na ja, sie haben ihren Urlaub meinetwegen abgebrochen und sind seit gestern wieder zu Hause. Meine Mutter hat wohl in Miami einen Riesen-Terz veranstaltet, dass sie unbedingt auch nach Hause zurückmüssen, weil ich nächste Woche Geburtstag habe und sie nicht will, dass ich dann ganz allein feiern muss, wenn ich schon nicht mehr im Internat bin.«

»Haben sie gar nicht gemeckert?!«, will Samira erstaunt wissen.

Müde reibe ich mir übers Gesicht. »Meine Mutter war richtig froh. Aber das war klar. Mein Vater hat eigentlich gar nichts gesagt. Was ich aber fast noch schlimmer finde, als wenn er gemeckert hätte. Ich glaube, er ist sehr enttäuscht.«

»Und wieso ist deine Mutter froh?«, will sie verständnislos wissen.

Bevor ich darauf näher eingehen kann, kommt Carla bereits wieder zur Tür reingerauscht. »Katlen schmeißt 'ne Alternativ-Party. Als sie gehört hat, dass unser Zimmer feiern will, hat sie gleich einen Gegenaufruf gestartet und die Jungs zu sich eingeladen!«, klärt sie uns aufgeregt auf.

»Ach, lass sie doch!« Samira macht eine wegwerfende Handbewegung. »Gehen wir einfach früh ins Bett und bringen Tasha morgen zum Bahnhof.« Dann sieht sie mich an: »Natürlich nur, wenn du magst!«

»Lieber nicht!«, presse ich meine Lippen schmerzhaft aufeinander.

Perspektivwechsel

Am nächsten Morgen erfahren wir, dass Katlens Party ein Reinfall war. Die Jungs sind gar nicht gekommen und die anderen Mädchen waren hundemüde vom Schwimmen, sodass alle früh im Bett waren. Katlen hat ihren Weinvorrat alleine ausgesüppelt und sich bis in die frühen Morgenstunden im Badezimmer übergeben. Was für ein würdiger Auftritt.

In der Küche hole ich mir mein Lunchpaket für die Reise ab. Vor dem Frühstücksraum tauschen Carla, Samira und ich unsere Telefonnummern und Adressen aus und dann drückt mir Samira noch einen Film in die Hand. »Hier, du wolltest doch bestimmt nicht als Ketchup-Princess am Schwarzen Brett hängen!«

Das Sonnenbrand-Bild! »Wo hast du den denn her?«, frage ich perplex. »Ich habe mich schon die ganze Zeit gewundert, warum ich nicht ausgestellt wurde.«

»Katlen hatte mich gebeten, ihn mit nach Gstaad zum Entwickeln zu nehmen. Gott sei Dank hat sie keine Digi, dann wäre es schwieriger geworden. Ich habe ihr einfach gesagt, ich hätte den Film unterwegs verloren.«

»Das ist echt süß von dir, danke, Samira!«

»Sehr gerne!«, grinst sie breit.

Der Abschied fällt uns dreien richtig schwer. Ich bin froh, dass Franziska kommt, um mich abzuholen. Sie zieht meinen Koffer den ganzen Weg hinter sich her, als wir zum Bahnhof laufen. Mit den Worten »Ich kann dich doch nicht alleine fahren lassen« begleitet sie mich überraschenderweise sogar mit dem Zug von Château-d'Oex nach Genf. »Muss dann aber gleich wieder zurück, weil ich mittags wieder im Berggasthof arbeiten muss.«

Ich bin so froh, dass ich nicht alleine bin. Als wir uns in Genf verabschieden, freue ich mich, dass die Schule in einer Woche wieder anfängt, denn dann kommt ja auch Franziska wieder zurück nach Deutschland.

Ich bin ganz tapfer und weine nicht, bis sie mir etwas in die Hand drückt. »Hier, von Tante Martha.«

Auch ohne hineinzublicken weiß ich, was es ist: ein Gâteau de Vully. Jetzt kann ich die Tränen nicht mehr zurückhalten.

Als ich im Zug nach Hagen sitze, brennen meine Augen immer noch. Erst dachte ich ja, dass ich keinen Hunger habe, dann mache ich mich gierig über das Lunchpaket her. Selbst gebackenes Brot mit Marmelade, eine Kartoffel-Birnen-Wähe, Holunderbeerensaft und viele andere Köstlichkeiten. Den Gâteau de Vully verwahre ich mir für später auf. Gerade als ich ins Butterbrot beißen will, klingelt mein Handy und eine mir unbekannte Nummer mit Schweizer Vorwahl erscheint auf dem Display.

»Hallo, hier ist Luis!«

»Hi!«, sage ich überrascht. Mit ihm habe ich nun wirklich nicht gerechnet.

»Samira hat mir gerade von deiner Abreise erzählt. Das tut mir sehr leid!«

»Mhm. Danke!«

»Ich hätte so gerne noch mit dir gesprochen.«

Nervös knibble ich an meinen Fingernägeln.

»Du hast übrigens recht gehabt ...«, murmelt er undeutlich.

Erstaunt horche ich auf.

»Ich hätte dich fragen müssen, ob das stimmt, was Katlen mir erzählt hat. Ich habe mich von ihr einwickeln lassen. Das war blöd von mir.«

Pause.

»Bist du mir noch böse?«, will er vorsichtig fragend wissen.

»Nein, bin ich nicht!«

»Ehrlich?«

»Ehrlich!«

»Simst du mir deine Adresse?«

»Klar, warum nicht!«

»Bis bald, Tasha, und gute Fahrt!«

»Danke!« Dann stelle ich das Handy aus und starre es minutenlang nachdenklich an. Soll ich ihm wirklich meine Adresse simsen? Vielleicht später.

Während ich den Inhalt meines Lunchpakets verputze, lasse ich meinen Blick aus dem Fenster schweifen. Noch acht Stunden und ich bin wieder zu Hause. Papa und Mama sind seit einer Woche aus Miami zurück. Gestern habe ich mit Papa die Details für die Rückreise besprochen. Er war sehr kurz angebunden, so wie an dem Abend, an dem ich ihm mitgeteilt habe, dass ich aus dem Internat fliege. Ich weiß genau, wie enttäuscht er von mir ist. Aber er ahnt nicht annähernd, wie enttäuscht ich selber bin. Verena war begeistert. Sie hat in den Hörer geflüstert, dass sie im *Callas*, dem besten Restaurant in Winterberg, bereits einen Tisch für meinen Geburtstag reserviert hat. Sie ist sooo weit weg für mich. Es ist erschreckend.

Aus meiner Handtasche krame ich die Französisch-Unterlagen und einen Stift, dann mache ich mich an die Übungen und vergesse vor lauter Lernerei für ein paar Stunden alles um mich herum.

Papas Begrüßung am Bahnhof fällt etwas frostig aus. Verena lässt mich vor Begeisterung gar nicht mehr los und quetscht sich direkt neben mich auf den Rücksitz, um alles zu erfahren. Immer wieder bestätigt sie mir, dass es ohne mich in Miami nur halb so schön war und dass sie mich mindestens so sehr vermisst hat, wie ich sie vermisst haben muss.

Habe ich das?

Nein!

Habe ich nicht. Die Zeit in der Schweiz war wie ein Befreiungsschlag und ich rutsche etwas von ihr ab, entziehe ihr meine Hand, indem ich vorgebe, meine Strümpfe hochziehen zu müssen, dann quetsche ich mich ganz nah an die Tür. Ich will Distanz, mir ist das zu eng.

»So, Püppi, und jetzt haben wir noch sieben lange Tage, wo wir was Tolles zusammen machen können«, klingt sie unternehmungslustig.

Ich sehe Papas missbilligenden Blick im Rückspiegel.

»Ich kann gar nichts machen in den nächsten sieben Tagen. Außer lernen!«

Sie zwinkert mir verschwörerisch zu und kichert albern, »Ja, ja, genau, *lernen*!« sagt sie so komisch, als ob sie meine Aussage nicht ernst nehmen würde.

In den nächsten Tagen schließe ich mich mehr oder weniger in meinem Zimmer ein. Verena klopft und stört immer wieder. Ich muss unbedingt mit ihr reden, denn ich brauche jetzt meine Ruhe. Übermorgen ist die Nachprüfung.

»So verbissen habe ich dich ja noch nie arbeiten sehen«, schleicht sie um mich rum.

Ich nicke kurz und konzentriere mich weiter auf die Übungen.

Sie lässt nicht locker. »Guck mal, den habe ich dir mitgebracht!«

»Ja, gleich!«, sage ich jetzt doch langsam genervt.

»Komm schon, Püppi, ein echter Louis-Vuitton-Rucksack. Ist der nicht schick?«

»Einer von Jack Wolfskin wäre mir lieber gewesen«, sage ich.

Und Verena kriegt einen Lachanfall, als hätte ich einen tollen Witz gemacht. »Das ist gut, *meine* Püppi mit einem Wanderrucksack.«

Langsam drehe ich mich auf mit meinem Stuhl zu ihr herum. »Ja, genau, Verena, den kann ich nämlich viel besser gebrauchen!« Dabei sehe ich sie ernst an.

Irritiert hält sie mir das edle Teil noch näher vor die Nase. »Weißt du eigentlich, wie teuer der war?«

»Nein, wieso? Ist das wichtig?«

»Na hör mal, jeder wird dich darum beneiden!«

»Ich will nicht beneidet werden!«

»Tja, das ist dein Schicksal, Tasha«, lacht sie erneut, »für Schönheit, Reichtum und guten Geschmack wird man halt immer beneidet.«

»Das stimmt nicht!«

Erstaunt blickt sie mich an und legt den Kopf schief, während sie eine Erklärung von mir erwartet.

»Es gibt auch andere Dinge, um die man beneidet werden kann: Intelligenz, Sportlichkeit – wobei Neid an sich ja eigentlich keine schöne Tugend ist.« So moralisch wollte ich eigentlich gar nicht werden, aber sie provoziert mich mit ihrer Ignoranz.

»Sag mal, haben die mit euch in der Schweiz eine Gehirnwäsche gemacht? Vermutlich war das so eine Art Sekte. Also, ich habe Papi ja gleich gesagt, dass das nichts Gutes sein kann, schließlich war die Schule noch nicht mal in der Top Ten der Schweizer Internate aufgelistet.«

»Verena, ich muss jetzt wirklich lernen!«

Eingeschnappt stellt sie mir den Rucksack auf den Schreibtisch und stolziert zur Tür hinaus. »Also, ich werde Papi fragen, wo er die Adresse überhaupt herhatte, und dann werde ich das überprüfen lassen.«

»Tu das, Verena, aber mach bitte vorher noch die Tür zu, ja? Danke!«

Sprachlos schließt Verena die Tür. Ich reiße die Fenster auf, weil ihr Parfumduft wieder alles zu überlagern droht. Die frische Luft tut gut und ich bleibe noch etwas am Fenster stehen. Unsere Berge sind ja wirklich nur Hügelchen. Die Luft ist auch nicht so klar und die Wiesen nicht so bunt. Sicher, hier ist es auch schön … aber nicht so schön wie in Château-d'Oex, seufze ich und nasche das letzte Stück Gâteau de Vully.

»Das war eine gute Leistung, Tasha!«, lobt mich Frau Wegener. »Ich kann dir mündlich sogar eine Drei plus geben. Die Schriftliche hast du mit Drei minus bestanden und das gibt dann zusammen eine glatte Drei. Herzlichen Glückwunsch!« Sie streckt mir die Hand entgegen. »Du hast es geschafft!«

»Danke, Frau Wegener!«

»Jetzt musst du mir nur noch das Geheimnis verraten.«

»Wie bitte?«

»Wie hast du das denn gemacht?«, fragt sie verblüfft. »Ehrlich gesagt habe ich nicht gedacht, dass du durchkommst. Keiner von uns hat damit gerechnet«, deutet sie auf die beiden Beisitzer neben sich.

»Ich war für fünf Wochen in der französischen Schweiz«, lüfte ich das Geheimnis.

»Sagtest du nicht, dass ihr nach Florida wolltet?«

»Ja, so war es auch erst geplant. Aber als mein Vater von der Nachprüfung gehört hat, fand er es sinnvoller, mich auf ein Internat zu schicken.«

»Das war eine wirklich gute Idee von ihm!«, lobt sie Papas Handeln.

»Ja, das finde ich auch«, sage ich beim Hinausgehen.

Draußen steht Verena und beugt sich besorgt vor, um in meinem Gesicht zu lesen. Bisher hat das immer hundertprozentig geklappt, ich war wie ein offenes Buch für sie. Doch jetzt schaut sie mich skeptisch an: »Und? Wie ist es gelaufen?« Ohne meine Antwort abzuwarten überreicht sie mir zwei Pakete. »Hier ist der Trostpreis und hier ist das Geschenk, falls du bestanden hast«, sagt sie mit zweifelndem Blick auf meinen Gesichtsausdruck und drückt mir das Trostpreis-Geschenk vorsorglich zuerst in die Hand. Sie glaubt nicht an mich, schießt es mir durch den Kopf.

»Danke, Verena, aber du brauchst mir wirklich nichts dafür zu schenken. Schließlich war das eine Nachprüfung und ich habe mich ja nicht mit Ruhm bekleckert, dass es überhaupt so weit kommen musste.«

»Dann hast du also bestanden!«, hüpft sie aufgeregt umher. »Das hätte ich nicht erwartet. Das ist ja toll, da wird Papi sich aber freuen. Puh, und seine Laune wird sich dann hoffentlich wieder bessern. Er war unausstehlich zu mir«, sagt sie egoistisch, als wir beide auf den Ausgang des Schulgebäudes zusteuern.

»Freust *du* dich denn auch?«, frage ich skeptisch.

»Ach, Püppi, du weißt doch, wenn es nach mir ginge, bräuchtest du gar nicht mehr hierher.« Abfällig deutet sie auf die Schule. »Deine mittlere Reife hast du jetzt in der Tasche und das Abi brauchst du doch gar nicht. Siehst du doch an mir, wie weit du auch ohne kommen kannst«, lacht sie. »Und bei deinem Background bist du versorgt bis an dein Lebensende. Außerdem könnten wir beide die Zeit gemeinsam viel besser verbringen. Ich habe noch so viele Pläne.«

»Ich auch, Verena!«

»Ja, nicht wahr, wir machen uns ein tolles Leben!«

Angestrengt schließe ich die Augen. Die Anspannung der Nachprüfung fällt so langsam von mir ab.

»Aber jetzt feiern wir erst mal, komm, lass uns in die Stadt fahren!«, hakt sie sich bei mir unter.

»Ich möchte zu Papi!«

»Na klar, kann ich verstehen. Ach«, macht sie plötzlich so ein geheimnisvolles Gesicht, »ich muss ja auch noch ein paar Dinge für deinen Geburtstag übermorgen besorgen, ist sowieso besser, wenn ich das allein erledige«, dabei presst sie sich noch näher an mich. Als mir die Luft wegbleibt, möchte ich sie am liebsten abschütteln.

Aber ich muss ihr wahrscheinlich auch Zeit geben, damit klarzukommen, dass einen fünf Wochen ganz schön verändern können. Verena ahnt noch gar nicht, dass für uns vieles anders werden wird. Ich werfe einen Blick auf sie, so, als sähe ich sie zum ersten Mal. Sie tut mir fast ein bisschen leid. Aber bestimmt ist es auch für sie besser, wenn sie sich Frauen in ihrem Alter sucht, mit denen sie was unternimmt.

»Komm, ich bring dich hin!«, schlägt sie vor, als sie catwalkmäßig den Schulhof entlangschreitet und dann ihr Cabriolet steigt. Ich sehe, wie ihr die anderen Schüler hinterhergaffen und tuscheln. Früher dachte ich: Das ist purer Neid! Die hätten auch gerne so eine tolle Mutter. Heute bin ich mir da gar nicht mehr so sicher. Ich weiß noch, als ich mal bei Melanie von nebenan eingeladen war und ihre Mutter extra einen Kuchen gebacken hat, weil ich vorbeigekommen bin. Sie hatte diese tollen kräftigen Hände mit kurzen Fingernägeln und sie trug sogar eine richtige Schürze. Mama hat sich damals köstlich amüsiert, als ich ihr das erzählt habe. Melanies Mutter war für sie die Spießigkeit in Person und schlecht angezogen sowieso. Ich fand sie im Rückblick betrachtet sehr warmherzig und war beeindruckt, dass sie einen selbst gebackenen Kuchen hinstellte und keinen aus einer Konditorei. Genau wie Tante Martha.

»Danke, aber ich bin doch mit dem Fahrrad hier. Bis später!«, schnappe ich mir sofort mein Mountainbike und trete kräftig in die Pedale.

Nach einem fast einstündigen Monolog sitze ich Papi völlig erhitzt und rotwangig gegenüber. Er bietet mir ein Wasser an. Immer noch völlig erregt von den Ereignissen in der Schweiz, die sich bei den Erzählungen wie Magma in einem Vulkan nach oben gedrückt haben und jetzt quasi herausexplodiert sind, verkünde ich zum Abschluss: »Aber eigentlich bin ich ja hier, um dir zu sagen, dass ich die Nachprüfung bestanden habe!«

Papi tritt um den Schreibtisch herum und spricht jetzt seit meiner Rückkehr aus der Schweiz die ersten sechs Worte mit mir. »Das ist ja eine tolle Nachricht!« Anerkennend nickt er mit dem Kopf.

»Ist aber nur 'ne Drei!«, schmälere ich meine Leistung.

»Du hast dich eingesetzt! Das ist das Wichtigste«, lobt er mich.

»Nächstes Mal wird's besser«, schmiege ich mich an ihn und bin so froh, dass er mich fest an sich drückt.

Papi sieht mich eindringlich an und lächelt zufrieden und glücklich. Dann sagt er ganz bedächtig: »Ist dir eigentlich klar, dass du noch nie so mit mir geredet hast?«

»Ich weiß!« Dann nehme ich einen Schluck Wasser, mein Mund ist ganz trocken und rau.

»Schön, dass du mir alles erzählt hast!«

»Na jaaaaaa.« Ich setze das Wasserglas wieder ab und grinse: »*Alles* habe ich dir nicht erzählt, ein paar Geheimnise habe ich ja noch mit meiner Freundin Franziska.«

Mit sich und der Welt im Reinen lehnt sich Papi in seinem fetten Bürostuhl zurück, in dem selbst er als Riese fast versinkt. Amüsiert beobachte ich die Gedankenfalten auf seiner Stirn. Man sieht, wie es in ihm arbeitet. »Was wünschst du dir eigentlich?«, fragt er ganz unerwartet.

»Zur bestandenen Prüfung?«, entgegne ich erstaunt.

»Nein, *die* hast du für *dich* bestanden. Dafür wirst du nicht belohnt. Ich meinte, was du dir zu deinem bevorstehenden Geburtstag wünschst.«

»Keine Ahnung, Papi. Diesmal weiß ich es wirklich noch nicht.«

»Er ist schon in zwei Tagen und bevor deine Mutter wieder unnützes Zeug anschleppt, wollte ich dir diesmal gerne etwas wirklich Sinnvolles schenken. Mach dir einmal ganz in Ruhe Gedanken darüber, okay?«

»Okay!«

Papi begleitet mich zur Tür.

»Kannst deine Freundin Franziska doch zum Geburtstag einladen!«, schlägt er unvermittelt vor.

»Würde ich ja gerne. Aber sie ist noch in der Schweiz. Sie kommt erst am Sonntag wieder«, sage ich und stelle mich auf die Zehenspitzen, um ihm ein Küsschen zu geben. »Aber Montag kommt sie zu uns. Das haben wir abgemacht!«

Kaum habe ich die Tür hinter mir geschlossen, ruft Verena an. »Ich bin fertig. Und auf dem Weg zu euch!«, flötet sie in den Hörer.

»Ich bin schon wieder auf dem Sprung!«, lasse ich eilig verlauten.

»Wohin?«, fragt sie völlig konsterniert, weil sie meinen Weg nicht kennt.

»Keine Ahnung.«

»Ist alles in Ordnung mit dir? Was hat Papi gesagt?«

»Er hat sich sehr gefreut! – So, ich radle jetzt los.«

»Bist du sicher? Ich bin doch schon fast da«, sagt sie pikiert.

»Ja, Verena, ich bin mir total sicher.«

»Aber ...«

»Bis später!«, würge ich sie ab und hänge ein.

Dann schwinge ich mich wieder auf mein Rad und steuere den Waldweg zu dem dahinter gelegenen Hügel an.

Nachdem ich mich bis oben raufgequält habe, denke ich, klar, so geht das, man setzt sich Ziele und packt sie an. Ich habe gerade so ein erhabenes Gefühl, dass ich am liebsten mein eigenes privates Gipfelkreuz aufstellen möchte. Schließlich habe ich in den letzten Wochen einen ganz schön hohen Berg erklommen, bildlich gesprochen. Zum ersten Mal genieße ich die Aussicht auf die Landschaft, die mir mein Leben lang nur als erdrückend, deprimierend und viel zu eng beschrieben wurde. Von Verena. Die wollte nämlich immer viel lieber in der Stadt leben, als hier zu versauern. Lustig. Sauerland ... versauern. Ob das deswegen hier so heißt?, schweife ich in Gedanken ab und setze mich auf den warmen Waldboden. Doch dann kommt eine SMS von Verena und sofort macht sie sich wieder präsent. *Wieso hast du eingehängt?* Ich stelle mein Handy aus. Wo war ich stehen geblieben? Verena. Sauerland. Versauern. Gut, vor der Ehe mit Papi ist sie als Model viel herumgekommen, Berlin, Paris, London, Mailand. *Frauen wie wir gehören in die Welt,* hat sie immer gesagt. Aber in welche Welt? Ist ihre Welt auch wirklich meine? Ich bin mir ziemlich sicher, dass sie das nicht ist. Als hätte man mir die Scheuklappen von den Augen genommen, betrachte ich jetzt nun alles mit meinen eigenen Augen und aus einer ganz anderen Perspektive. Dann halte ich die Nase in die Luft. Der Wald, die Bäume, die Luft, hier riecht es so vertraut nach etwas … nach … nach … Schnuppernd halte ich die Nase in die Luft. Genau, durchfährt es mich plötzlich: nach Maik!

Rückenwind

Als ich heute den Berg runtersause, habe ich Rückenwind und mein Fahrrad kommt erst vor Maiks Haustür wieder zum Stehen. Ich sehe seine Mutter vor der Haustür Unkraut zupfen.

»Guten Tag, Frau Wiefeld, ist Maik da?«

Sie deutet hinter sich. »Er ist hinten im Garten und hilft seinem Vater im Schuppen!«

Laut hämmere ich mit der Faust gegen die Tür, weil ich da drinnen eine Säge vernehme und wohl sonst keine Chance hätte, gehört zu werden.

»Duuuuuuu?«, begrüßt mich Maik überrascht und streicht sich verlegen übers Haar. Dabei rieseln ein paar Sägespäne zu Boden.

»Kann ich mit dir reden?«, frage ich ihn. Dann stecke ich den Kopf um die Ecke und rufe in den Schuppen hinein: »Guten Abend, Herr Wiefeld!«

»Klar, warte.« Maik dreht sich zu seinem Vater um. »Papa, ich mach gleich weiter!«

»Alles klar, mein Junge«, knipst sein Vater mir ein Auge zu. »Hallo, Tasha!«

Wir setzen uns auf die Treppenstufen vom Hauseingang.

»Und, wie war's in Miami?«

»Ich war nicht in Miami, ich war auf einem Internat in der Schweiz und musste dort für meine Nachprüfung lernen!«

»Und, wird's klappen?«

»Hat schon geklappt!«

»Wieso? Die Schule hat doch noch gar nicht angefangen.«

»Die Prüfungen liegen in den letzten Tagen vor dem Ferienende. Die mündliche war heute«, kläre ich ihn auf.

»Ach so«, nickt er in meine Richtung, »na, dann herzlichen Glückwunsch!«

»Danke! – Duhu, Maik«, verlegen scharre ich mit den Schuhen den Kies auf dem Boden zur Seite. Dann blicke ich ihm direkt in die Augen. »Ich möchte mich bei dir für mein Verhalten entschuldigen. Das war richtig blöd von mir, dich in so eine Situation zu bringen, mit Tom und so. Es tut mir ehrlich leid.«

»Ja, das war wirklich nicht sehr nett! Bei ihm solltest du dich aber auch entschuldigen.«

»Das habe ich schon. Kurz nach deiner Abfuhr. Da hat Tom mir auch gesteckt, dass du das mit uns überall rumposaunt hast.«

Während ich mit ihm rede, starre ich ihn regelrecht an und kremple ihn mit meinen Augen auf links. Ich suche etwas. Suche das Gefühl, dass ich noch vor fast genau sechs Wochen für ihn hatte. Schließe kurz die Augen und halte unauffällig meine Nase in die Luft. Ja, das ist der Duft von vorhin im Wald, der, der mich an Maik erinnert hat.

»Ich habe es nicht rumerzählt. Das war Ina, meine Schwester«, klärt er mich auf.

Aha.

Wortlos starre ich auf meine Fußspitzen.

»Die war sauer, weil du ihr teures Duschgel benutzt hast!«

Jetzt muss ich doch grinsen.

Lange sitzen wir schweigend nebeneinander.

»Glaubst du, wir passen zusammen?«, frage ich ihn.

Er zuckt unmerklich mit den Schultern. »Glaubst du's denn?«, beantwortet er meine Frage mit einer Gegenfrage.

»Nein«, sage ich supertraurig. Aber es wäre schön gewesen. Damals. Also, *vor* meiner Reise, aber jetzt bin ich mir plötzlich sicher, dass meine Affäre mit Maik wahrscheinlich schon so eine Art Revolution gegen Verena gewesen ist. Denn er war ja bekanntlich nicht ihr Fall. Wahrscheinlich habe ich ihn mir unbewusst genau deshalb ausgesucht. So eine Art Trotzreaktion. Aber ich liebe ihn nicht, das war eine Täuschung. Ich bin noch nicht angekommen, spüre ich.

»Zumindest wäre es nicht lange gut gegangen ... Wir sind wahrscheinlich zu unterschiedlich«, bestätigt jetzt auch Maik. Dann steht er auf und reicht mir die Hand, um mich hochzuziehen. »Ich finde es klasse, dass du vorbeigekommen bist. – Freunde?«

»Freunde! – Viel Glück, Maik!«, sage ich und küsse ihn ein letztes Mal, um ganz sicherzugehen.

»Und dann?«, fragt Franziska später am Telefon und ich merke, dass sie vor Spannung den Atem anhält.

»Hat er gesagt: ›Dir auch, Tasha!‹«

»Nein, ich mein', warst du sicher, dass er es nicht ist, nachdem du ihn dann geküsst hast.«

»Ja. Seltsamerweise ja!«

»Ähem, tja, ich sag es dir besser am Telefon, also, bevor du es von irgendjemand sonst erfährst, also, ich habe heute Luis und Samira gesehen«, deutet sie mir vorsichtig an.

»Mensch, Samira!« Ich schlage mir mit der flachen Hand vor die Stirn. »Die hab ich ja total vergessen. Ich muss nachher unbedingt mal ihre E-Mails beantworten«, sage ich mit schlechtem Gewissen.

»Ist das nicht schlimm für dich?«, klingt sie erstaunt.

»Dass sie mit Luis zusammen ist? Nein! Das ist ja das Seltsame. Bisher habe ich mir die Jungs immer nach völlig falschen Kriterien ausgesucht. Warst du schon mal richtig verliebt, Franziska?«

Pause. Ich höre sie buchstäblich denken.

»Nein, ich glaube auch noch nicht.«

»Prima, dann können wir ja beide bei Null anfangen«, albere ich herum. »Schön, dass du bald kommst!«

»Ja, und weißt du was? Ich vermisse Château-d'Oex jetzt schon. Es ist jedes Jahr dasselbe.«

»Ich vermisse es auch!«, flüstere ich kaum hörbar.

»Wie läuft's denn mit deiner Mutter?«

»Nicht so gut. Ich weiß nicht, wie ich ihr erklären kann, dass ich mich verändert habe.«

»Gib ihr Zeit!«

»Ja, will ich ja, aber ich brauche Abstand, den finde ich hier einfach nicht.«

»Dann komm her!«

»Hahaha!«

»Oh, Gott, ich muss los. Ich ruf dich morgen an zum Geburtstag, okay? Ich vermisse dich, ich freue mich auf dich ... ich ...«

Dann ist sie weg.

Ich stelle mir vor, wie sie das Haus verlässt, zur Seilbahnstation läuft und mit dem Sessellift zur Bergstation der *Alpe des Roses* hinauffährt.

Dann gehe ich in mein Zimmer und schicke Samira die längst versprochene E-Mail.

Liebe Samira,
Franziska hat mir erzählt, dass sie Dich heute mit Luis gesehen hat. Ich wollte nur sagen, dass mich das freut. Ich hoffe, es klappt mit Euch beiden. Ehrlich!!! ☺
Weißt Du was, ich glaube, ich habe Heimweh nach den Bergen. Ist das nicht komisch? Du hast gesagt, Du fühlst Dich dort zu Hause ... Ich hätte mir nie vorstellen können mich woanders zu Hause zu fühlen als hier, wo meine Eltern sind. Aber seit ich zurück bin, komme ich mir irgendwie auch ein bisschen entwurzelt vor. Das ist kein schlimmes Gefühl, denn so langsam kapiere ich, dass ich mich von hier lösen muss.
Meine Mutter hat mich mein Leben lang sehr stark beeinflusst und als Du mir von Deiner Mutter erzählt hast, habe ich gedacht, »die arme Samira« – jetzt verstehe ich langsam, dass mein Verhältnis auch nicht wirklich gesund war.

Habe ich Dir eigentlich mal von dieser Lippenstift-Theorie erzählt?

Apropos ... Schnell springe ich auf und renne ins Bad. Hektisch durchwühle ich meine Schminktasche. Da ist er. Ob er immer noch die gleiche Form hat wie Mamis? Gespannt öffne ich die Kappe meines neuen Lippenstiftes und drehe ihn heraus. Er ... er ist gerade und gehört somit einem selbstbewussten und ehrgeizigen Powergirl mit einer starken Persönlichkeit. Zufrieden werfe ich ihn wieder in den Beutel zurück und dann habe ich plötzlich eine Eingebung. Ich muss dringend Papi suchen.

Meine Eltern sitzen im Esszimmer, als ich hineinstürme. Mit großen Augen sehen sie mich an.

»Ist was passiert?«, fragt Verena besorgt.

Hektisch schüttle ich den Kopf. »Nein, oder doch ...« Dann wende ich mich an Papi. »Ich soll mir doch für morgen etwas Sinnvolles wünschen, nicht wahr?«

»Das habe ich gesagt!«, bestätigt Papi kopfnickend.

»Dann wünsche ich mir, dass ich für die restliche Schulzeit ins Institut de Montagne gehen kann. Ich möchte dort mein Abitur machen. Darf ich?« Ich zapple aufgeregt mit den Beinen. »Bitte!!!!«

Verena stöhnt laut auf. Ihr Gesicht ist blutleer und sie greift sich ans Herz. »Aber Püppi ... das ... das geht doch nicht. Du kannst doch mich, ähem, uns nicht verlassen. Wieso willst du mir das antun?«

Papi legt zärtlich den Arm um sie. »Mach ihr bitte kein schlechtes Gewissen, Verena. Ich denke, dass es ihr schwer genug fällt, uns ihre Entscheidung mitzuteilen.«

Seltsamerweise fällt es mir gar nicht schwer. Aber das sage ich jetzt lieber nicht.

»Jetzt setz dich doch erst mal, Tasha«, deutet er auf einen Stuhl. »Hast du dir das wirklich gut überlegt?«, fragt er dann nach.

Ich fühle, dass das eine rhetorische Frage ist, denn er weiß selber genau, dass es das Beste für uns alle ist. Verena wird sich nie ändern und Papi kann sowieso bleiben, wie er ist, aber ich habe mich geändert. Vielleicht klappt es zwischen den beiden dann auch wieder besser, schießt es mir plötzlich durch den Kopf.

»Wir werden dich vermissen, aber du bist ja nicht aus der Welt. Und die Ferien verbringen wir dann zusammen«, schlägt er vor.

Verena stößt spitze Schreie der Verzweiflung aus.

»Ich kann mit Mami ja auch ein- bis zweimal im Jahr zu dir rüberfliegen. Wenn du magst.«

»Das ist eine tolle Idee!«, versuche ich Verena für seinen Vorschlag zu begeistern.

»Eine tolle Idee???? Das ist doch ein Scherz! Püppi, sag, dass das nicht wahr ist. Du willst doch nicht wirklich weg von m... hier?«

Hilfe suchend wandern meine Augen zu Papi. Doch der macht eine Handbewegung, die so viel heißt wie: Das musst du jetzt alleine schaffen.

»In ein Bergdorf«, sie lacht hysterisch, »das hältst du doch gar nicht aus.«

»Es ist wunderschön dort. Du müsstest die Sonnenaufgänge sehen, wenn die Gipfel noch im Morgennebel liegen. Dann die bunten Sommerwiesen und die Kühe ...«

»Kühe«, wiederholt sie verächtlich.

»Es ist traumhaft. Wirklich! Und dieses alte Institut. Alles ist aus Holz. Ganz ursprünglich, und nachmittags gibt es selbst gebackenes Brot mit Erdbeermarmelade. Von den Erdbeeren aus dem Garten, dann ist da so ein schöner Rosengarten, richtig verwunschen, und der kleine Käseladen um die Ecke ist total niedlich, der Besitzer versteht sogar mein Französisch«, kichere ich aufgekratzt. »Und außerdem möchte ich gerne eine Theater-AG gründen!«

Puh, jetzt bin ich selbst überrascht über meinen Ausbruch. Was ich da gerade schwärmerisch vom Stapel gelassen habe, war alles in mir. Jetzt ist es raus.

Fassungslos schlägt Verena die Hände vor die Augen.

»Im Nachbarort gibt es ein Kino und viele tolle Cafés und Boutiquen. Wenn ihr dann mal kommt, das ist richtig nett da …«, schiebe ich noch kleinlaut hinterher.

Sie winkt ab.

»Doch Verena, Gstaad wird dir gefallen, da bin ich mir ganz sicher!« Das ist mein letzter Versuch.

»Gstaaaaaaaaad?« Sie nimmt die Hände von den Augen. »Aber das wusste ich ja gar nicht. Wieso hat mir das denn keiner gesagt?«, sieht sie Papi vorwurfsvoll an.

Juhu. Ich habe gehofft, dass dieses letzte Argument zieht.

»Ich habe das Gefühl, ich spiele in deinem Leben gar keine Rolle mehr«, schnieft Verena anklagend.

»Doch, Mami, sogar eine ganz wichtige!« Und ich beschließe, dass ich sie nie wieder beim Vornamen nennen werde.

Sie tupft sich die Tränen aus den Augenwinkeln und sieht mich erwartungsvoll an.

»Aber als Mutter und nicht als Freundin!«, erkläre ich klar und deutlich.

Am nächsten Tag ist mein Geburtstag. Ich merke, dass Mami total verunsichert ist. Sie hat rot verweinte Augen und ist mein wandelndes schlechtes Gewissen.

»Ich weiß gar nicht, ob du dich jetzt noch über andere Geschenke freust«, jammert sie.

»Na klar«, sage ich und nehme sie fest in den Arm. Heute kann sie noch mal alles so machen, wie sie es geplant hat, nehme ich mir vor. Schließlich wird es noch schwer genug für sie.

»Und was ist mit dem Geburtstagskuchen?«, schnieft sie.

»Kannst du nicht mal einen für mich backen?«, lege ich den Arm um sie.

»Wie soll das denn gehen?« Sie tupft sich die Tränen aus den Augen.

»Du nimmst ein Rezept, kaufst die Zutaten und hältst dich an die Anleitung!«, schlage ich vor.

»Püppi, ich habe noch nie … und überhaupt, was soll ich denn für einen backen?«

»Einen Gâteau de Vully«, schlage ich vor.

»Das kann ich ja noch nicht mal aussprechen, geschweige denn backen«, lacht sie und wechselt schnell das Thema. »Gehen wir denn heute Abend essen?«

Okay, kein Kuchen. Aber auswärts essen gehen, dazu habe ich heute keine Lust. Also muss ich jetzt doch noch einmal eingreifen. »Mami, ich fände es schön, wenn wir heute Abend hier essen könnten. Wenn du willst, kannst du das Essen ja aus dem *Callas* anliefern lassen«, schlage ich ihr schnell vor, als ihr erneut Tränen in die Augen schießen.

»Ja, gut. Das kann ich ja machen.«

»Okay, dann für Papi, dich, Betty und Mona und dann wollte ich noch Alina und Maik einladen«, sage ich bestimmt.

»Gut«, zieht sie etwas unvornehm die Nase hoch, »dann also für sieben Personen.«

Mein Handy klingelt. »Das ist bestimmt Franziska!« Eilig stürme ich hinaus in den Flur, um es aus meiner Jacke zu kramen.

»Was willst du zuerst hören, die gute oder die schlechte Nachricht?«, brülle ich aufgeregt in den Hörer.

»Die gute«, höre ich eine verdutzte Antwort.

»Ich gehe nach Château-d'Oex. Ins Internat. Ich habe mit meinen Eltern gesprochen, ich werde mein Abi in der Schweiz machen. Die halbe Nacht habe ich mich immer wieder gefragt, ob das richtig ist. Ich konnte kaum einschlafen und als ich heute Morgen aufgewacht bin, da hätte ich am liebsten sofort die Koffer gepackt. Juhuuuuuuuuuuu, es ist die richtige Entscheidung. Und willst du jetzt noch die schlechte Nachricht hören?«

»Ja!«

»Du bist nicht mehr da, wenn ich komme. Wir hatten uns alles so schön ausgemalt. Und jetzt sehen wir uns gar nicht und ich habe Angst, dass unsere Freundschaft das nicht aushält …«

»Wieso, ich bin doch auch im Internat!«, kommt es erstaunt aus dem Hörer.

Das ist nicht Franziska! »Samira?«

»Ja! Alles Liebe zum Geburtstag. Auch von Carla und Luis.«

»Danke, das ist superlieb!«, stottere ich herum.

»Na, das sind ja geniale Neuigkeiten. Ich freue mich. Wann kommst du denn? Soll ich Madame Aubry fragen, ob wir wieder zusammen auf ein Zimmer gehen dürfen? Und weißt du, was: Carla überlegt auch, ob sie bleibt. Sie sagt, sie hätte die Nase voll davon, alle vier Jahre umzuziehen. Ja, und *la giraffe* ist gestern Morgen mit ihrer Eskorte abgefahren, die war allerdings nur noch auf Wiebke reduziert. Alle anderen hatten dann doch ein ziemlich schlechtes Gewissen wegen dir. Carla und ich haben sie nämlich mal aufgeklärt, was Katlen so alles verbreitet hat. Endlich ist die Luft wieder klar. Luis hat mir gesagt, dass er dich nach deiner Adresse gefragt hat, du sie aber nicht gesimst hast. Willst du wirklich nichts mehr von ihm?«

Da fällt mir ein, dass ich die E-Mail an sie ja gar nicht zu Ende geschrieben und abgeschickt habe. Mmh, blöd, wieder nur halb, man fällt doch immer wieder in alte Gewohnheiten zurück.

»Nein. Wirklich nicht!«

Ein erleichterter Seufzer dringt an mein Ohr.

»Wann kommst du?«

»Sobald wie möglich. Ich muss erst noch alle Formulare für die Schulbehörde ausfüllen!«

»Mach's ganz gut!«, sagt sie mit diesem Schweizer Akzent und ihrer dunklen Stimme, die so vertraut klingt.

Dann rufe ich auf der Stelle Franziska an. Ich will nicht, dass sie Samira nachher noch zufällig trifft und von ihr alles berichtet bekommt, denn eigentlich sollte sie die Neuigkeit ja als Erste erfahren.

Im Gegensatz zu Mami freut sich Franziska sehr über meine Entscheidung und reagiert genau so, wie ich es mir gewünscht habe.

»Klar ist das schade, dass ich jetzt erst mal weg bin«, sagt sie. »Aber davon hängt doch unsere Freundschaft nicht ab. Es gibt E-Mail und Telefon und wenn ich im nächsten Jahr mein Abi in der Tasche habe, dann absolviere ich sowieso erst mal ein halbes Jahr ein Praktikum, bis das Studium beginnt. Warum sollte ich das nicht in Château-d'Oex machen?!«

Ein Jubelschrei entfährt mir und in dem Moment bin ich der glücklichste Mensch auf der ganzen Welt.

Ein Jahr später

»Il y a un visiteur pour toi, Tasha!«, ruft Madame Aubry in den Rosengarten hinein.

Heute ist die Generalprobe von dem Stück, das wir morgen auf dem Sommerfest aufführen werden.

»J'arrive!«

Noch in meinen Text versunken, stoße ich draußen mit jemandem zusammen.

»Hast du Lust, ich wollte Franziska vom Bahnhof abholen!«, fragt Luc und ich wundere mich, wo der jetzt plötzlich herkommt.

»Klar, super gerne! – Bin eh grad fertig!«, stopfe ich mir das Drehbuch in den Rucksack.

Galant hält Luc mir die Autotür auf.

»Wieso laufen wir nicht?«

»Ihr Zug hat Verspätung und sie wird in Gstaad aussteigen, weil der Anschlusszug nach Château-d'Oex nicht mehr fährt.«

Aha.

Schweigend sitzen wir nebeneinander.

»Du hast dich ja ganz schön hier eingeigelt«, stellt Luc fest.

Letzten Monat haben wir uns einmal zufällig bei Tante

Martha getroffen und den ganzen Abend über Franziska gequatscht. Wie großartig sie ist und so. Ich finde es total süß von ihm, dass er mir anbietet, sie mit ihm zusammen abzuholen.

»Ja, es gab viel zu tun. Ich musste 'ne Menge aufarbeiten. Schulisch und privat.«

Dezent geht er darüber weg und wechselt das Thema.

»Was ist denn das für ein Stück?«

»Wir spielen Ausschnitte aus den Märchen der Gebrüder Grimm.«

»Und in welchem Märchen spielst du mit?«

»In Dornröschen. Wobei das zwar aus der Sammlung der Gebrüder Grimm ist, die französische Fassung *La belle au bois dormant* aber von Charles Perrault stammt und schon viel früher im Druck erschien, nämlich bereits im Jahre 1697«, erkläre ich fachkundig.

»Und wer küsst Dornröschen morgen wach?«

»Ein Schüler von der Frazer-Montgomery-School. Er heißt Paul.«

»Küsst Paul dich nur im Theaterstück oder auch im wahren Leben?«, flutscht es ihm heraus und ich glaube, die Frage gestellt zu haben, ist ihm im selben Moment unangenehm.

Ich denke nur, keine Antwort ist auch eine Antwort, und bin froh, als wir endlich am Bahnhof sind.

»Meine beiden Lieblingsmenschen«, empfängt Franziska uns freudestrahlend, als sie Tür des Zuges aufreißt, sobald der zum Stehen gekommen ist. Nachdem sie ihren Koffer vorausgeschoben hat, springt sie auf den Bahnsteig. Wir umarmen uns kreischend und hüpfen minutenlang im Kreis herum.

»Gleich kriegt ihr 'nen Drehwurm«, lacht Luc belustigt.

»Ich habe dich soooooooooooooo vermisst«, knuddle ich Franziska immer und immer wieder.

»Und ich dich noch viiiiiiiiel mehr!«

»Geht gar nicht!«

»Geht wohl!«

»Gar nicht!«

»Wohl!«

»Wenn ihr nicht aufhört, dann muss ich eingreifen. Ich habe Franziska nämlich auch wahnsinnig vermisst.«

»Ich dich doch auch, du alter Schwede!«, knufft sie ihn freundschaftlich in die Rippen.

»Schweizer«, verbessert er sie.

»Halber Schweizer«, korrigiert sie ihn.

Dann müssen wir alle drei lachen wie verrückt.

Franziska und ich sind so aufgekratzt, dass wir die ganze Fahrt über nur kichern und gibbeln.

»Sag mal«, schlägt sie Luc vor: »Kannst du nicht schon mal im *Cactus* anrufen und ein halbes Schwein auf Toast bestellen, ich habe Hunger bis hier!« Albern deutet sie auf die Höhe ihrer Achseln.

»Du bist doch Vegetarierin«, sagt Luc verdutzt.

Wieder haben wir einen Lachflash.

»Okay, du bist *doch* ein ganzer Schweizer!«, stellt sie fest.

»Und wieso jetzt plötzlich doch?«

»Weil jeder Deutsche diesen Ausdruck kennen würde.« Abrupt dreht sie sich zu mir nach hinten. »Kommen deine Eltern nicht auch heute an?«

»Nein, sie mussten noch mal verschieben, mein Vater hatte noch einen wichtigen Termin in Hamburg. Sie werden morgen eintreffen. Mona und Betty kommen diesmal auch mit.«

Seit ich auf dem Internat bin, verstehe ich mich mit meinen Stiefschwestern viel besser. Wir mailen uns sogar regelmäßig.

»Dann wird's lustig«, sagt Franziska, die die beiden in den letzten Osterferien bei uns zu Hause kennengelernt hat. »Wie gefällt es deiner Mutter eigentlich hier?«

»Prima! Pfingsten hat sie sich in Gstaad komplett neu eingekleidet. Gestern hat sie mir gesteckt, dass sie dieses Mal direkt mit leeren Koffern anreist.«

»Wann ist denn morgen die Theateraufführung!«

»Um zwei!«

»Und, bist du nervös?«

»Klar«, lache ich und strecke zur Demonstration meine zitternde Hand nach vorne.

»Ist das eine große Rolle?«, will Luc wissen.

»Nicht wirklich!«, sage ich bescheiden.

»Du machst das bestimmt ganz toll«, will er mich dennoch netterweise beruhigen. Nachdem er eingeparkt hat, wird die Beifahrertür schwungvoll aufgerissen.

»Cousinchen, wurde auch Zeit, dass du hier wieder eintrudelst. Es war öde ohne dich!« Joël grinst über das ganze Gesicht.

»Wieso, das Institut ist doch komplett belegt – da hast du doch genug zu tun!«, lässt sie zweideutig verlauten.

»Die Mädels vom Institut lassen mich ja alle am langen Arm verhungern, allen voran Tasha.« Dann öffnet er auch meine Tür, reicht uns beiden den Arm zum Unterhaken und begleitet uns ins *Cactus*.

»Das letzte Mal, als wir hier alle zusammen waren, hat der Abend nicht so lustig geendet!«, stellt Luc fest.

»Ja, das stimmt. Aber wenn ich nicht geflogen wäre, hätte sich einiges in meinem Leben nicht so geklärt«, relativiere ich unsere kurze Niedergeschlagenheit.

Nach dem Essen zupft Luc seinen Bruder am Ärmel, zieht ihn vom Stuhl hoch und wendet sich an Franziska und mich: »Ihr habt euch bestimmt noch ganz viel zu erzählen. Wir sehen uns morgen, komm, Brüderchen.«

Joël findet die Idee gar nicht gut. »Na, hör mal, jetzt sitze ich hier schon mal mit zwei so tollen Frauen, da kannst du doch nicht von mir verlangen, dass ich mich verdünnisiere«, beschwert er sich.

»Komm schon«, zieht Luc ihn neckisch am Kragen mit raus. »Wir stören!«

»Stimmt das?«, will Joël ungalant wissen.

»Ja!«, antworten wir unisono und ebenso ungalant.

Rangelnd verlassen die beiden das Restaurant.

»Das war ja ein starker Abgang!«, lache ich laut auf.

»Joël kann froh sein, so einen tollen großen Bruder zu haben! Der hat ihn auch schon oft aus brenzligen Situationen rausgehauen.«

»Mich auch!«, erinnere ich sie an den Feuerwehreinsatz.

Ich frage mich, ob Luc eigentlich mein Typ sein könnte; in dem Moment zieht Franziska die Augenbrauen hoch.

»Ich habe mich schon gewundert, wie vertraut ihr wart, als ihr mich vom Bahnhof abgeholt habt.« Dann hält sie mir ihren Zeigefinger unters Kinn und drückt meinen Kopf hoch, damit wir uns in die Augen sehen. »Müsste ich da vielleicht irgendetwas wissen?«

»Eigentlich nicht. Aber ehrlich gesagt habe ich nach einem Jahr Single-Dasein schon langsam Entzugserscheinungen.«

»Ich glaube, dass es *ihn* ziemlich erwischt hat!« Franziska lässt nicht locker.

»Quatsch, wie kommst du denn da drauf?«

»Na ja, immerhin hat er mich angerufen, um deine Handynummer rauszukriegen.«

»Er hat sich aber nie bei mir gemeldet.«

»Siehst du, und das ist doch wohl ein eindeutiges Zeichen!«

»Hä, wer soll das denn verstehen?!«, schüttle ich verständnislos den Kopf über ihre Logik.

Franziska nickt mehrfach. »Jaaaa, ganz eindeutig, Luc ist in dich verliebt. Und wenn sich einer mit seinem Herzen auskennt, dann doch wohl ich. Schließlich war er früher bei unseren Doktorspielen immer mein Patient.«

»Themenwechsel!« Es ist mir irgendwie unangenehm, über Luc zu reden.

»Schade, gerade wo's anfing, interessant zu werden«, schmollt Franziska bedauernd. »Außerdem wären wir dann verwandt. Das ist ja fast so gut wie befreundet.«

»Befreundet ist besser!«, sage ich überzeugt, als ich an meine nächste Verwandte denke: an Mami.

Dann beuge ich mich vor und sehe sie erwartungsvoll an. »So, und jetzt erzähl.«

»Was soll ich erzählen? Wir telefonieren doch dreimal die Woche und mailen uns jeden Tag. Es gibt nichts Neues!« Sie blickt an mir herunter. »Du siehst gut aus.«

»Ich habe ein bisschen zugenommen!« Ich klopfe leicht auf mein Bäuchlein. »Das liegt an Pierres guter Küche. Gestern gab es wieder Käsewähe. Genial!«

»Ja, ein paar Kilo mehr stehen dir gut. Aber auch deine Haut, deine Ausstrahlung, deine Klamotten ...« Grinsend deutet sie auf meine Boots und die abgeschnittenen Jeans. »Du wirkst so ... relaxt.«

»Bin ich auch. Total«, bestätige ich. »Obwohl, wenn ich an morgen denke, bin ich doch eher etwas unentspannt. Hoffentlich vergesse ich den Text nicht.«

Franziska faltet die Hände und stützt ihr Kinn darauf, während sie sich zu mir vorbeugt. »Ich bin ja schon so gespannt auf die Theateraufführung.«

»Und ich erst!« Dann winke ich den Kellner heran. »Besser, wir gehen jetzt, sonst sehe ich morgen so zerknittert aus wie mein Plissee-Kostüm.«

»Was sagen eigentlich deine Eltern dazu, dass du in den Sommerferien hierbleiben willst?«

»Sagen wir mal so: Sie akzeptieren es.«

Am nächsten Morgen sitzen Franziska, Carla, Samira, Luis, meine Eltern, Mona, Betty und ich vor unserem Institut. Pierre, der Koch, hat die Küche in den Vorgarten verlegt.

»Ich werde kein Wort verstehen, Kind«, sagt Mami, die den Flyer zu unserem Theaterstück in der Hand hält, »das ist ja alles auf Französisch!«

»Vielleicht hättet ihr das Stück besser pantomimisch darstellen sollen«, schlägt Betty vor und diesmal grinsen Mona, Betty *und* ich verschwörerisch.

»Lass mal, Betty, Tasha wird schon wissen, was sie tut.« Mami hat Bettys Seitenhieb nicht verstanden. »Schließlich hat sie ja auch die Regie geführt«, sagt sie mit stolzgeschwellter Brust.

»Ich glaube ich habe sogar in Bödefeld Plakate gesehen!«, grinst Mona.

»Sehr witzig«, sagt Mami eingeschnappt. Aber jeder von uns weiß, dass bestimmt das ganze Dorf über mein Regiedebüt informiert wurde.

Plötzlich setzt Mami mir ungefragt eine Brille auf die Nase. Das nenne ich Stilbruch. Dornröschen mit Designersonnenbrille. Mit meinem historischen Kostüm muss das richtig schrill aussehen.

»Hab ich dir mitgebracht. Du, ich wusste gar nicht, dass die in der süßen, kleinen Hotel-Boutique auch Chanel haben. Ich habe Papi schon gesagt, dass es hier ja gar nicht so schlecht ist. Vielleicht sollten wir hier in der Nähe ein kleines Chalet kaufen, was meint ihr?«

Schluckend reiche ich Mama ein Stück selbst gebackenes Brot mit Erdbeermarmelade, damit sie nicht mehr sprechen kann. »Probier mal, das schmeckt köstlich!«, lenke ich ab, bevor ich mit rollenden Augen Papi einen entsetzten Blick zuwerfe.

Als er mir schmunzelnd zuwinkert, bin ich beruhigt.

»Und was ist mit Miami und Mallorca?«, erinnere ich sie an die Feriendomizile, die sie unbedingt wollte.

»Die erben doch sowieso eines Tages Mona und ich«,

tunkt Betty ihren Finger in die Erdbeermarmelade und leckt ihn genüsslich ab.

Mami steht der Mund offen. Zum ersten Mal in meinem Leben sehe ich sie sprachlos.

»War ein Scherz, Stiefmütterchen!«, klopft Betty ihr beschwichtigend mit der anderen Hand auf die Schulter.

»Ich mag deine Scherze nicht!«, sagt Mami barsch und schüttelt ihre Hand ab wie ein lästiges Insekt. Als sie merkt, dass ihre Reaktion ein bisschen überzogen war, sagt sie schnell: »Naaaa jaaaaa, ich find's eben ganz schön hier. Die Berge sind ja auch wirklich gar nicht so schlecht!«

»Ich nehm dich beim Wort«, droht Papa lachend mit dem erhobenen Zeigefinger, »Morgen geht's rauf zu Franziska – auf die Hütte.«

»Au ja!« Mami klingt begeistert.

»Zu Fuß!«

»Vergiss es!«, sagt sie empört und macht dabei eine wegwerfende Handbewegung. Dabei segelt das Erdbeerbrot über mein Kostüm.

»Oh nein!« Entsetzt springe ich auf.

»Ach Püppi, das tut mir leid.« Mami versucht den Schaden zu begrenzen und schmiert mir mit der Serviette jetzt noch die restliche Marmelade quer drüber.

»Stopp, Mami, hör auf damit. Du machst ja alles nur noch schlimmer!«

Carla legt mir beruhigend die Hand auf den Arm. »Oben in meinem Schrank, da liegt ganz links so eine kleine Tasche mit der Aufschrift: *Laundry*. Da drin ist eine Tube mit Fleckenentferner.«

»Aber Obstflecken gehen ganz schlecht wieder raus!«, kommentiert Mami jetzt noch unnötigerweise ihr Missgeschick.

Knurrend stampfe ich die Treppen rauf. Warum muss sie mir nur immer alles versauen? Warum kann sie mich nicht in Ruhe lassen? Warum will sie jetzt auch noch hierher ziehen?

Als ich oben bin, höre ich plötzlich knatternde Motorengeräusche. Komisch, die habe ich doch schon mal irgendwo gehört … Ach, egal, hab keine Zeit jetzt, muss mich dringend um mein Kostüm kümmern, schließlich ist in einer Stunde die Aufführung.

Im Badezimmer reibe ich vorsichtig über den Fleck und lasse die Flüssigkeit, so wie es in der Bedienungsanleitung steht, etwas einwirken. Und tatsächlich, nach zwei Minuten verschwindet die rote Schmiere von meinem Kleid. Langsam atme ich wieder flacher.

»So schlimm ist es doch nicht!«, taucht plötzlich Franziska hinter mir auf.

»Ja, ich weiß. Hab wohl ein bisschen überreagiert.«

»Ist doch klar, du bist nervös!«

»Und mit der Idee, hier ein Chalet zu kaufen, hat meine Mutter mich dann doch noch nervöser gemacht.«

»Dein Vater hat sie schnell davon wieder abgebracht. Er hat gesagt, er kauft das Chalet nur unter der Bedingung, dass sie dem hiesigen Wanderverein beitreten.«

Dann prusten wir beide los. Es tut so gut, dass sie da ist.

»Komm, Tasha, lass uns runtergehen.«

»Geh schon mal vor, ich komme gleich nach.«

Nachdem ich den Fleckenentferner wieder in Carlas

Schrank verstaut habe, will ich noch einmal frische Luft schnappen, bevor es gleich losgeht. Gerade als ich den Balkon betrete, fährt der alte Feuerwehrwagen vor. Jetzt weiß ich, warum mir das knatternde Geräusch von eben so bekannt vorkam. Die Drehleiter wird nach oben gekurbelt und in meine Richtung geschoben. Lachend sehe ich, dass Luc auf der untersten Stufe steht. »Wir machen eine Übung«, brüllt er zu mir hoch und strahlt wie ein Honigkuchenpferd.

Ich beuge mich über die Holzbrüstung, um ihn genauer zu betrachten. Er sieht total süß aus in seinem Feuerwehranzug und seine lustigen braunen Augen funkeln tatsächlich richtig verliebt, sodass ich auf einmal einen kleinen Schauer verspüre. Vielleicht sind es ja doch nicht nur *Single-Entzugserscheinungen*.

»Ich bin zwar kein Prinz, aber was hältst du von einem Feuerwehrmann?«, ruft Luc in dem Moment zu mir nach oben.

Warum eigentlich nicht …

Gâteau De Vully (Rezept)

Zutaten für 6 Portionen Hefeteig

1/3 Packung	Hefe oder
1/2 Packung	Trockenhefe
40 Gramm	Zucker
300 Gramm	Weißmehl
1/2 Teelöffel	Salz
40 Gramm	Butter
150 Milliliter	Milch

Belag

100 Milliliter	Schlagsahne
50 Milliliter	Milch
50 Gramm	Hagel- oder Vollrohrzucker
1	Ei

Zubereitung:

Ergibt ein rundes Wähenblech, Ø 26 cm

Für den Teig die Hefe mit 1 Tl Zucker flüssig rühren. Das Mehl mit Salz und restlichem Zucker (+ ev. Trockenhefe) in einer Schüssel vermischen. Butter schmelzen, Milch beigeben, mit der flüssigen Hefe zum Mehl geben und alles zu einem weichen Teig verarbeiten. Diesen auf etwas Mehl legen und einige Minuten kräftig durchkneten, zugedeckt ca. 1 Stunde gehen lassen.

Blech einfetten und bemehlen oder mit Backpapier auslegen. Den Teig rund auswellen, auf das Blech legen. Teig mit feuchtem Tuch bedecken und nochmals 1 Stunde gehen lassen. Für den Belag die Schlagsahne mit der Milch und dem Ei verrühren, auf den Teigboden verteilen. Hagel- oder Vollrohrzucker darüber streuen.

Blech in die Mitte des kalten Ofens schieben, Temperatur auf 180 °C einstellen. Kuchen 30–40 Minuten backen, bis die Oberfläche goldbraun ist. Lauwarm oder kalt servieren.

Vorbereitungszeit: ca. 30 Minuten (danach Teig 2 Stunden gehen lassen)

Danke …

Volker, für mein »Ich-bin-Ich-Sein«!
Cord, für dein »Du-bist-Du-Sein«!
Papa und **Mama**, für die Tatsache, dass ihr nicht wie Tashas Eltern seid.
Christina Groth-Lindenberg, für alles! Gute Reise, Soulsister!
Barbara Hellwing, für den tollen Tipp mit der Arbeitseinteilung!
Carolin Böttler, für die gute Zusammenarbeit!
Jörg Rudolph, für deine allzeit bereite Einsatzbereitschaft! Auch wenn der Computer diesmal (toi, toi, toi!) nicht abgestürzt ist.
Oma Ingel, Elke, Hedda, Judith, Petra & Jochen und **Tina** für eure Hilfsbereitschaft und die Kinderbetreuung in den heißen Phasen.

Danke, Bine!

Ebenfalls von Cora Gofferjé bei Thienemann erschienen:

Bye, bye, Ben
Ciao, Süßer
Glückskeks-Momente

Gofferjé, Cora:
Shopping-Queen
ISBN 978 3 522 18074 0

Einbandgestaltung und –typographie: init. Büro für Gestaltung unter Verwendung von Fotomaterial von iStockphoto.com (© iStockphoto.com/Rainforest-Australia; Christine Glade; Andres Rodriguez; Lisa Thornberg)
Innentypographie: Kadja Gericke, Arnstorf
Schrift: ITC Giovanni, Airstream
Reproduktion: Medienfabrik, Möglingen
Satz: KCS GmbH, Buchholz/Hamburg
Druck und Bindung: Friedrich Pustet, Regensburg

5 4 3 2 1° 08 09 10 11

www.thienemann.de